给雏鸟温暖的巢

Nestwärme, die Flügel verleiht

[德]施特芬妮·施塔尔 [德]尤莉娅·托姆沙特 著 / 潘璐 译

朝华出版社
BLOSSOM PRESS

著作权合同登记号 图字：01-2021-2491

Published originally under the title Nestwärme, die Flügel verleiht
by Stefanie Stahl & Julia Tomuschat 978-3-8338-7625-5 ©2018 by
GRÄFE UND UNZER VERLAG GmbH, München
Chinese translation copyright： ©2023 by Blossom Press

图书在版编目（CIP）数据

给雏鸟温暖的巢 /（德）施特芬妮·施塔尔，（德）尤莉娅·托姆沙特著；潘璐译. -- 北京：朝华出版社，2023.6
ISBN 978-7-5054-4963-3

Ⅰ. ①给… Ⅱ. ①施… ②尤… ③潘… Ⅲ. ①家庭教育 Ⅳ. ① G78

中国国家版本馆 CIP 数据核字（2023）第 078590 号

给雏鸟温暖的巢

作　　者	[德] 施特芬妮·施塔尔　[德] 尤莉娅·托姆沙特著
译　　者	潘　璐
选题策划	袁　侠
责任编辑	王　丹
责任印制	陆竞赢　崔　航
装帧设计	奇文云海
出版发行	朝华出版社
社　　址	北京市西城区百万庄大街24号　邮政编码　100037
订购电话	（010）68996050　68996522
传　　真	（010）88415258（发行部）
联系版权	zhbq@cipg.org.cn
网　　址	http://zhcb.cipg.org.cn
印　　刷	小森印刷（北京）有限公司
经　　销	全国新华书店
开　　本	710mm×1000mm　1/16　字　数　180千字
印　　张	15
版　　次	2023年6月第1版　2023年6月第1次印刷
装　　别	平
书　　号	ISBN 978-7-5054-4963-3
定　　价	69.80元

版权所有　翻印必究·印装有误　负责调换

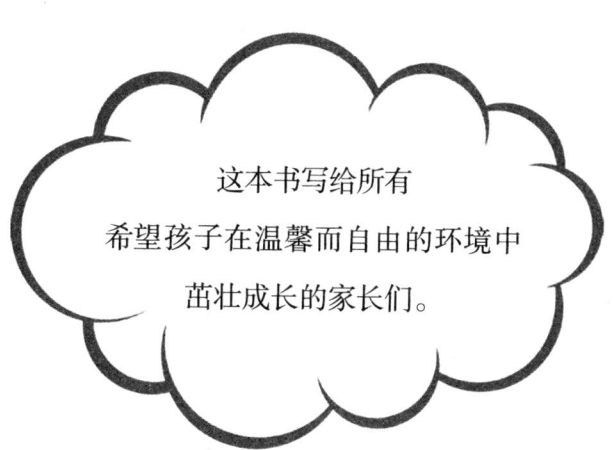

这本书写给所有
希望孩子在温馨而自由的环境中
茁壮成长的家长们。

INHALT
目录

第 1 章　给雏鸟温暖的巢　　1
我们与孩子的关系　　5
代际传递　　7
我们的童年烙印　　8

第 2 章　温暖的巢：亲情与自主　　11
孩子对爱的渴望　　16
亲情是人际能力的基础　　19
父亲、母亲与孩子　　21
家庭生活中的常见问题　　22
单亲家庭——艰巨的任务　　26

第 3 章　亲情与自主的平衡　　29
平衡受到干扰时　　32
适应型和自主型　　33

世界观对养育的影响	34
学会内省	40
自己小时候的情形	43
回到小时候	46
渴望亲情——适应型父母	49
渴望独立——自主型父母	50
自主型与适应型之间的父母	51
题外话：父母各自的强项	52
适应型父母的挑战	56
自主型父母的挑战	59

第4章　平衡的关键：自我价值感　63

镜像自我价值	65
自我价值感的建立	66
信念：自我价值感的编码	67
消极信念削弱自我价值	70
积极信念使我们更强	76

去除消极信念的力量	78
孩子"按下了我们的按钮"	81
题外话:"我真想揍孩子"	87
"打孩子"历史已久	87
虐待是如何发生的?	88
充满爱心的父母也有手滑的时候	92
给父母的急救手册	93
孩子映射我们的自我价值感	95

第5章 阴影小孩、阳光小孩和内在成人 99

当场抓住自己!	103
现场视角	104
观察者视角	104
如何分散自己的注意力	106
当场抓住与切换	107
安慰你的阴影小孩	112
题外话:家庭价值观	115

第 6 章　温暖的巢赋予孩子翅膀：陪伴孩子　　119

儿童会发展　　121

照顾好自己就是照顾好孩子　　123

家长的共情能力　　126

感知情感　　131

第 7 章　温暖的巢：共情能力是关键　　133

共情三部曲　　136

题外话：无意图聆听　　142

共情能力障碍　　144

适应型和自主型父母的情感障碍　　145

"履行你的使命"：期望造成的障碍　　147

"我们没觉得"：被封闭的情感　　151

"你感觉和我一样"：情感投射　　153

"你必须比我强"：自我价值投射　　156

题外话：自我价值感和学业压力　　159

"永远快乐"：快乐压力　　　　　　　　162

"我从不生气！"：被动攻击　　　　　　165

伪装成失望的被动攻击　　　　　　　　167

题外话："过来和走开"——双重信息　　169

"你和我一样"：人格投射　　　　　　　172

外向型父母和内向型孩子　　　　　　　173

内向型父母和外向型孩子　　　　　　　175

第8章　让雏鸟展翅高飞：发展孩子的自主性　　179

自由空间和界限　　　　　　　　　　　182

题外话：叛逆期儿童的自主性　　　　　183

适应型父母：不要害怕孩子发脾气！　　184

自主型父母：请不要进行权力斗争！　　189

充满爱的坚持　　　　　　　　　　　　190

既关爱又坚持：操作指南　　　　　　　191

一些建议　　　　　　　　　　　　　　193

自主型父母和限制　　　　　　　　　　193

不给孩子自主权——来自阴影小孩的障碍	195
"我愿为你付出一切"：溺爱	196
"我在盯着你"："直升机型"父母	199
"最好待在我身边"：过度看护	202
"你可不能出事"：父母的恐惧	203
真正的幸福	204
信任生命	206
"你能行"：苛求的自主	209
"你是领导"：过度参与决策	210
"我受不了了"：拒绝承担责任	212
力量的源泉：信任与鼓励	215
题外话：青春期——第二个叛逆阶段和儿童时代的结束	217
赋予自主权：能够放手	219

第9章　成为更好的父母从来不会太晚　221

第1章

给雏鸟温暖的巢

第1章
给雏鸟温暖的巢

天下的父母都希望孩子快乐，长大了有生活能力。他们想给孩子一个内心的家园，这个家园将伴随孩子的一生——那就是家的温暖，家的温暖让孩子长出坚实的翅膀。尽管大多数父母都有明确的目标，但通往目标的道路有时却扑朔迷离，曲曲折折，布满了绊脚石。

我们该怎么做，才能让培养下一代的大任不会变成我们的烦恼呢？我们如何爱孩子——即便他们的行为或性情与我们希望的有所不同？我们会溺爱孩子吗？应该如何设置界限？什么时候必须放手？怎样才能使孩子长大后具备较强的人际交往的能力？什么是亲子关系中最严重的错误？如何避免这些错误？如何使孩子尽可能快乐？我们该如何弥补自己所犯的错误？作为父亲或母亲，我们如何更好地把控自己？

这些是我们的讲习班中那些积极认真，但有时也忧心忡忡的家长提出的一些问题。乍一看，大家会认为，所有这些形形色色的问题肯定需要不同的答案。实际上没有那么复杂。我们考察一下人类的三个基本的心理需求，就能找到所有问题的答案和所有难题的解决方案。

三大基本心理需求

1. 对感情的需求。我们需要人际关系，需要与他人和集体的联系，才能生存下去。这一点既适用于孩子也适用于成年人。为此我们需要发展的能力是适应能力。

> 2. 对自主的需求。除了适应能力之外，我们还需要自主能力，以便我们能够独立生活并走自己的路。为了做到这一点，最重要的是具备设置界限的能力。
>
> 3. 对自我价值的需求。每个人内心深处都需要感到自己有价值、被别人接受。良好的自我价值感可以给我们力量和内心的安全感。自我价值感对我们的生活满意度具有深远的影响。

可以说，感情、自主和自我价值是我们"心理的基石"。就像每幢房子都由地基、墙壁和屋顶组成一样，人类的心理是建立在这三个基本需求之上的。但这不是静态的，而是一个过程。三个基本需求之间紧密相互作用：我们一生都在忙于保持人际关系（感情），同时坚持自己的利益和愿望（自主），如果这两个方面我们都取得了成功，就会对我们的自我价值产生积极的影响。因此，基本的心理需求对我们的人格、人际关系，甚至对整个世界都会产生深远的影响。我们说整个世界，并不是夸大其词。一个人如果在生活中的感情与自主之间取得了良好的平衡，就不必为了让自己感觉良好而贬低或排斥他人。这样的"成熟"个体之间的关系会自动变得更友好，也更自由。

有了上面这些知识，我们可以更好地了解自己，同时也为我们与孩子的关系打下了坚实的基础。只要理解并牢记人的三个基本心理需求，也就了解了健康的亲子关系是如何构成的，以及好的养育方法的基本

第1章
给雏鸟温暖的巢

要素。

然后，你尽可以将关于自己的养育方法是否正确的很多疑惑和问题抛之脑后，心安理得地给孩子在生活中所需要的非常重要的——家的温暖，家的温暖让孩子长出坚实的翅膀。牢记这三个基本心理需求，养育中的许多事情将变得更加简单易行。因为在生活的所有领域中，看似复杂的情况最终都可以追溯到对感情（其中亲情最重要）、自主和自我价值的需求。一旦了解并理解了这些要素，我们将会用新的眼光来看待事物，不但更容易抓住要领，而且见解将更加深刻。

我们与孩子的关系

在继续下文之前，先来个自我介绍。我们是施特芬妮·施塔尔和尤莉娅·托姆沙特，我们俩是三十年前在特里尔大学某个阶梯教室门口的咖啡机旁认识的。从那时起我们一直是朋友——一起完成了心理学学业，一直保持着联系，尽管后来天南海北。大约八年前，我们开始开办讲习班，帮助学员和来访者增强他们建立人际关系的能力。作为人际关系专家，我们希望能将自己的知识和经验运用到亲子关系和养育问题上，这不仅是因为尤莉娅现在有两个半大的孩子，而且主要是因为家长们一再地请我们这么做。

还有一点要说明一下：我们的一位朋友曾经说过："不用'您'来

尊称我的书，我就不读。"她认为，作者和读者之间应该保持一定的距离。但是，我们不这么想。我们想与读者之间搭建桥梁。我们还发现，无论是在游乐场上还是在家长会上，大多数父母之间都互相称'你'，这似乎是更自然的称呼。我们也从善如流，在下文里选择用'你'的表达方式。

我们希望通过这本书发出邀请，邀请你暂时远离自己的家长角色，完全放松地（比如，端起一杯咖啡）思考一下你最重要的人际关系之一：你与孩子的关系。这一关系肯定使你的生活充满了天伦之乐，但也让你操碎了心，有时甚至让你身心俱疲。你正在读的这本书不是养育指南，而是关系指南，而且是关于亲子关系的指南。由于这不是典型的养育指南，因此我们不会为你提供相关的建议。我们相信，如今的父母都已经是非凡的父母。如果我们总念"不要犯错误，不要犯错误"的紧箍咒，对孩子和父母都没有好处，还会让家长感到愧疚。世上既没有完美的孩子，也没有完美的父母。良好的亲子关系意味着首先要反思我们与孩子以及与自己的关系。它比你想象的要容易，非常有趣，甚至很好玩。我们保证，你不会感觉有人在你头顶上挥舞教鞭，而会有许多恍然大悟的体验。归根结底，良好的亲子关系的关键是"少做点儿事，但要更加有意识地去做"。这使我们能够更准确地了解孩子的真正需求，然后精准投放也就不是什么难事了。

简而言之，重点是"给予支持并赋予空间"。因为这些正是我们抚

第1章
给雏鸟温暖的巢

养孩子所需要的能力，这样我们可以给孩子爱，给他们翅膀，让他们在面对自己的生活时变得坚强、勇敢。

代际传递

当然，所有父母都希望，他们从孩子出生的第一天起就满心是爱，其他一切问题都会以某种方式自行解决。他们希望孩子成长为一个幸福的成年人，并有建立良好人际关系的能力。确实，父母能接受和爱孩子本来的样子，是孩子发展自己的原有个性、变得内心强大和满足的基本前提。不幸的是，理论上很简单的"我们彼此相爱"，在实践中常常是巨大的挑战。不经意之间，我们会在养育的过程中不遵循自己的想法，而是仿佛受人操控，把我们自己小时候的经验传递给了孩子。

差不多每个人都有这样的经历：我不希望像自己的父母一样。但是突然之间，我站在走廊上或客厅里冲着孩子喊叫的话，就跟自己的父母说过的一样。

我们举个例子：苏珊娜与她八岁的女儿玛丽一起坐在厨房的桌子旁练习乘法表。妈妈有点儿焦躁不安，因为她还要打一个重要的工作电话。当玛丽连续五次没有背出来"七八五十六"时，苏珊娜对她发火了："你太蠢了，雪地里都尿不出坑来。"这话刚一出口，她自己吓了一跳。她的父亲原来就是用这句话一次又一次地伤害了她。

我们怎么可能说出与父母完全一样的话,就像被自动驾驶仪控制了一样?在这里出现的是"代际传递"现象,用通俗的话说就是:我们在重演一部老电影。我们模仿父母的行为。他们是我们为人父母的榜样,并深深地影响着我们——尽管我们已经下定决心,绝不要像他们一样,但我们却以不同的方式做着完全相同的事情。在许多情况下,我们甚至已经为自己设计了一个相反的理想型,并且处处留心,不想犯任何错误。但是,尤其是当压力重重时,我们就被困在父辈影响的陷阱里,会以我们绝不想用的方式来对待孩子。我们亲手破坏了自己的养育理想,尽管我们绝不想对孩子们大吼大叫,但我们还是这么做了。看起来好像是我们改变行动方式的意志不够坚定。我们的这种感觉没错。想要理解意志的局限性,一个很好的比喻就是骑象人。我们的意志坐在大象背上,高高在上,手里还握着缰绳,但是,如果五吨重的大象不想做某件事,那么骑象人完全无能为力,没有任何机会实现自己的主张。大象代表着我们情感中的内部过程,这些过程一部分甚至是无意识的,而且受到我们童年经验的强烈影响。

我们的童年烙印

我们从父母那里获得的是一种双重体验,可以说,我们同时了解硬币的两面:一方面,我们是父母养儿育女行为的是"接收者";另一方面,

第1章
给雏鸟温暖的巢

我们也了解作为养育行为的"施加者"的感觉,因为当我们自己有孩子时,父母会自动成为我们的榜样。比如,小时候,当父母训斥我们时,我们会觉得被父母口头虐待是多么糟糕。尽管如此,我们在这种情况下还是顺便地从父母身上学习了训斥的"艺术"。两者都存储在我们这里。因此,我们在不知不觉中学习了双重结构。一方面,作为孩子,我们是父母养育信息的接收者;另一方面,我们同时向他们学习了如何为人父母。作为孩子,我们无法抵御这种双重信息。我们的父母是我们的宇宙,是我们的第一影响力,是我们最大的爱。即使我们下定决心"绝不重蹈父母的覆辙",但这通常只会在一段时间内起作用。在压力大或特别紧张的情况下,我们会陷入已经习得的模式。因为不管我们如何抵抗,这种双重影响都给我们留下了深深的烙印,并时不时地闪现。就算我们下定决心,绝不要像我们的父母一样,我们也有可能走另一个极端,会"矫枉过正"。如果我们曾感到被父母忽视,我们往往会过度看护自己的孩子。

当然,大多数人还是与父母一起经历了许多美好的事情,他们乐于将其传递给自己的孩子。但是每个人也多多少少携带着一些童年的负面影响,因为天下没有完美的父母。如果他们真是完美的,那也不一定是好事。大概没人想拥有完美的父母。

我们每个人都会有一些不太好的童年烙印。我们越是意识到这些烙印有问题,将它们传递给我们孩子的风险就越小。我们在来访者身上一次又一次地看到这种情况，他们勇于面对自己的过去，从而清除了障碍，使孩子获得比自己更好的体验。此外，你的孩子与你小时候肯定有所不同。他们需要的东西可能跟你童年时期看重的东西完全不同。他们需要的也许是更多的关注，也许是更多的自由，也许是更多的限制。要想认识到这一点，接受孩子的天性并顺道而行，你必须学会识别并打破"自动驾驶"和原生家庭的影响。

正是由于这个原因，只有通过更深入地了解我们自己的过去，我们才能更加自由、可持续地阻断不幸的家庭模式的传承。

第 2 章

温暖的巢：亲情与自主

第2章
温暖的巢：亲情与自主

不管你愿不愿意，不管你是否主动选择，不管你有没有勇气，从怀孕的那一天（最晚从孩子出生的那一刻）起，你就建立了一个关系。婴儿一出生，你就肩负起了抚养后代的责任。作为父母，我们不必去考育儿许可证，没有人审查我们是否适合担当"抚养孩子"的任务。我们会尽力而为，而且在许多情况下确实做得很好。

然而，正是这种本能的举动也为我们潜意识中的某些程序和行为模式打开了方便之门。你很可能想象不到，我们自己的生活经历在多大程度上影响着我们对现实，包括对自己孩子的看法。

我们自以为，不用动脑筋就知道如何把一个小人儿养大，我们称之为父母的直觉。

我们与父母之间的早期关系经验就像一张蓝图，影响着我们生活中所有其他的关系，既有美好的方面，也有不是那么好的方面。而且我们往往对此不知不觉。举个例子，如果我们在童年时期就学会了谨慎、小心，不让自己遭遇某些事情，那么我们很可能会将这种潜在的"生活恐惧"也传递给孩子。我们越能准确地认识到儿时因素对我们的影响，长大之后越能自由地判定，哪些是对的，哪些是错的。也就是说，我们不再是我们无意识习得的行为模式和态度的奴隶，而是可以做出自主的选择。

为了能够更加自主、更有针对性、更轻松地养育孩子，我们应该仔细研究一下人际关系能力的支柱。我们生活中两个最重要的基本需求：

一方面是归属—亲情；

另一方面是自主—自立。

我们的这些需求能否得到满足，在我们的生命之初首先取决于我们最亲近的关联人——大多数情况下是我们的父母。

父母对待我们的方式在我们的大脑里留下了深刻的印记。人类出生时大脑的功能并不完备。在生命的头六年中，大脑发展迅猛。这种发展是在我们与周围环境的紧密互动中进行的。我们在这段时间里学到的所有东西，都将在大脑中留下深深的痕迹。我们的神经细胞连接成规模巨大的信息高速公路，基本的行为、感觉和思维模式都得以塑造。与父母的最早期的关系经验给我们的大脑在人际交往问题上铺好了轨道。因此，生命的最初几年对于我们的整个人生至关重要。在两岁之前，我们获得所谓的原始信任。具有原始信任的人可以信任自己，也可以对其他人产生基本的信任。从与最早的关联人建立的关系中孩子会学到，亲情和自主可以并存。这种确定性深深地植根于他们的大脑之中，赋予他们内在的安全感和自信。

为了生存，人类既需要亲情也需要自主。这对于父亲、母亲和孩子来说都一样适用。

在我们一两岁的时候，与父母的关系往往是通过身体表达的，比如，换尿布、拥抱、洗澡、穿衣、哺喂和亲昵，等等。我们通过整个身体来体验，我们是否被接受和被爱。因此，原始信任不仅存储在大脑中，而且还是一种深深的身体上的感觉，就像一种"我这人还行！还算受人欢迎！"的感觉。

人之初，亲情是绝对的重点。在妈妈肚子中，我们受到完全的束缚，毫无自主可言。然后，我们来到了这个世界，脱离了母体。如果我们

第2章
温暖的巢：亲情与自主

在这个新世界中找不到疼爱我们的亲人，我们就无法存活下来。

对亲情的需要是一种关乎生存的基本心理需要，这已深深扎根于我们的基因之中。

但是，我们来到这个世界上不仅带着与生俱来的对亲情的渴望，还带着与生俱来的对探索的渴望。我们想发展成独立的人。小孩子在没有父母的帮助下做成某事时，会感到无比自豪。常常能听到孩子们喊"我自己做"，这也是许多小孩最早掌握的语句之一。

因此，我们的整个发展都朝着这样一个方向：一方面，我们获得越来越强的与周围人建立亲密关系的能力；另一方面，也变得越来越独立和自主。婴儿一开始完全依赖于他人的照料，唯一可以做出的自主行为就是哭喊。可以想象，当婴儿的哭喊很少得到回应或者招来的只是怒气时，婴儿可能会深刻地体验到自己的无力和孤独无助。

哪怕婴儿只有几个星期大，关联人的忽视和攻击性也会把孤立无援、恐惧和无能为力的创伤经历铭刻在他的大脑中。

随着成长，孩子获得了越来越多的自主行为：他学会了爬行、走路、说话，其能力也得到了越来越大的发展，如果一切顺利的话，他会长成一个年轻的成年人，不需要父母也能应对生活。他的人际关系能力也是逐步提高：一开始，婴儿与父母之间，尤其与妈妈之间是一种共生的关系，而后，兄弟姐妹和其他亲戚开始进入他的视野。入托入学之后，孩子的交往范围越来越大，他逐步学会建立不同类型的关系。青春期来临时，孩子将尝试建立恋爱关系。

亲情和自主紧密地交织在一起，就像同一枚硬币的两面。如果孩子被忽视，没有与父母建立牢固的亲情，那么他的自主发展也会受到影响。他可能会变得过于依恋，因为总是担心亲情的纽带会发生断裂。一些未曾经历过牢固亲情的儿童无法正确评估其追求自主时可能会产生的危险，他可能会危害自身的安全甚至发生事故。通常，年幼的孩子在跑离父母身边之前会先看一下父母。他会用他的目光问："这样可以吗？"如果看护者不干预，他就会知道："我可以开始了。"被忽视的儿童缺乏这种支持，这意味着他在以后的生活中评估风险的能力也比较弱。亲情是一切的基础——当它不稳时，建立在它上面的一切也都会摇摇欲坠。因此，被忽视的孩子不仅会缺乏亲情，也无法实现健康的自主发展。他会发展成为一个过于自主的人，尽可能不信任任何人，刻意追求自己独自应对一切。或者发展成一个没有足够自主能力的人，也就是说，一个总是需要别人为他做决定的人，形象地说，就是需要有人"牵着他的手，引导他度过一生"。

在本书中，我们想阐明亲情与自主之间的微妙互动，并帮助大家更深刻地理解这种对于我们的生存来说至关重要的相互作用。另外我们还想向你们展示如何在人际关系中建立亲情与自主之间的良好平衡，并使你们的孩子也能获得这种平衡。

孩子对爱的渴望

不难想象，在孩子的成长过程中，父母与孩子之间的互动可能会出错。一些父母力不从心，无法给予孩子所需要的关怀和照料。因此，

第2章
温暖的巢：亲情与自主

他们不能真正满足孩子对亲情的渴望。在这种情况下，孩子将努力取悦父母，使父母接受他或至少不惩罚他。孩子依赖父母，他尽其所能，只为获得父母的爱。

如果父母（不管出于何种原因）力不从心，无法给孩子稳定的亲情，那么孩子就要承担起责任，为与父母建立良好的关系而努力。

这个过程可能会从孩子成长的早期就开始。比如，研究人员在一项研究中发现，刚刚一个半月大的婴儿就能努力取悦母亲。研究人员对有亲情障碍的母亲及其婴儿进行了录像。在视频分析中可以观察到，母亲如果望向婴儿，婴儿就会对母亲微笑。反之，如果母亲朝另一个方向看，则婴儿的面部表情会变得茫然、僵硬。换句话说，他们在深层而本能的层面上知道："我必须让妈妈开心，否则就会出问题。"一个六个星期大的婴儿已经承担起确保与母亲保持良好关系的责任。

另一些父母在满足孩子的亲情需求方面做得很好，却很难放开孩子。孩子在他们身边时，他们才会感到最踏实。这些父母这样做是担心孩子可能会发生什么事情。他们过度看护孩子，把孩子拴得太紧。

还有一种情况是，父母有问题，无法与人建立亲情关系。比如，当父母正伤心欲绝，甚至可能患有抑郁症时，就会出现这种情况。孩子能非常清楚地感觉到这一点，没有一个孩子愿意看到妈妈伤心。因此，在这种情况下，孩子也会承担起对父母的责任，比如，更多地待在家里使父母开心，而不是与其他孩子一起玩。也就是说，孩子为了减轻父母的悲伤而牺牲了自己的部分自主权。

假设一位母亲——我们称她为萨宾娜——小时候严重缺乏关爱，遭受了轻微的"亲情损伤",因此需要她的儿子莱昂来弥补这一不足。她可能没有意识到这一点,但她强烈的爱意和亲近孩子的渴望可能都来源于此。

从这里可以看到,孩子和父母由于各自的需求紧密联系在一起——父母的需求也可能与孩子的需求混合在一起。

在这种情况下,莱昂的"功能"是满足母亲对爱和亲密关系的渴望。萨宾娜想把她可爱的儿子抱在怀里,一直跟他亲昵。但是莱昂不想一直被抱着。由于他现在还很小,根本无法抵御妈妈的"拥抱攻势",所以只能忍受。对莱昂而言,这意味着他必须牺牲自己的自主权,即对新鲜空气和自由空间的渴望,以满足母亲对亲密关系的需求。如果萨宾娜的行为举止一直保持不变,并且她总是比儿子想得到更多的亲近时,莱昂就会将这一深刻的烙印带入他的成年期。他的大脑将始终把爱和亲情与过多的亲昵和束缚联系在一起。成年后,他将很难建立亲密的恋爱关系,因为他没有从母亲那里学到如何以正常的方式与他人保持界限。如果说萨宾娜在与自己母亲的关系中因缺乏关爱而遭受了"亲情损伤",那莱昂则是受到了过度的照顾。

顺便说一句,如果萨宾娜能更加敏感地体察儿子的信号,也许能避免对儿子的"伤害"。比如,小时候,在萨宾娜想要伸手抱莱昂时,莱昂经常把头扭开。他在自己有限的能力范围内发出信号,表示他希望自己一个人待着。不幸的是,当时的萨宾娜经常忽略他的信号。如果萨宾娜想要做出改变,第一步,她必须认识到需要亲密关系的是她自己,而不是莱昂。然后,她可以练习留意孩子保持距离的信号,暂

第 2 章
温暖的巢：亲情与自主

时搁置自己对亲昵的渴望。读到这里你会发现，人要了解自己，需要一定程度的自我反思。为此，我们值得付出努力。大量研究表明，父母的共情能力是父母养育能力的黄金标准。我们将在后文中对此进行详细介绍。

亲情是人际能力的基础

父母与孩子之间的亲情从何时开始？至少从我们的第一个孩子来到世上，我们就被视为父母，被社会定义为爸爸和妈妈，我们成为父母—孩子关系的一部分——这种关系通常会持续一生。

但是，这种关系并不等于亲情。我们会自动爱我们的孩子吗？我们会自动依恋我们的孩子吗？答案是否定的。我们虽然不能斩断与孩子的血缘关系，但有些父母可能无法与孩子建立亲情纽带。亲情是一个积极的过程，对孩子和父母来说都是如此。婴儿完全依赖亲情。他会自发地将头转到传来妈妈气味的方向。妈妈通过怀孕、分娩和母乳喂养，已经做好了建立亲情的生理准备。她也可以通过气味识别自己孩子的连体裤，这一点和婴儿相似。也可以说，在建立亲情方面，妈妈比爸爸先行一步。尽管如此，两者都必须先习惯为人父母。为了使自己与孩子之间建立真正的亲情纽带，需要做出这样的决定："是的，我愿意成为妈妈"或"是的，我愿意成为爸爸"。这意味着父母要完全准备好对这个小人儿负责，并在内心里说："咱们现在是一家人了。我接受你本来的样子。"

由于与孩子在身体上更加接近，母亲更容易接受亲情关系。

有时爸爸会感觉置身事外。他可能需要加倍努力才能在内心里接受孩子。一位父亲曾经有些失落地跟我们说："我一直在等待伟大的父爱会注入我的心中，但一无所获。"有些父亲甚至不好意思承认，他们（还）没有跟孩子产生亲情，没有出现像妈妈那样对孩子的迷恋。有些父亲甚至满怀羡慕和嫉妒，他们嫉妒妈妈与孩子之间发自内心的亲密感。承认自己情感的父亲通常能够更好地面对孩子，因为他们无须装模作样，无论是对自己还是对伴侣。他们展露真我，使建立真正的父子关系成为可能。因为从虚情假意中无法发展出对孩子的深爱。对自己诚实可以使父亲有机会发展自己与孩子之间独特的亲情关系，也许最终这种关系真的没有母亲与孩子之间的紧密，但是孩子仍然会感到被接受和被爱。

那些下定决心接受孩子的父亲，很快就会建立起与孩子的亲情关系。一方面是身体上的接触，尤其是与婴儿的接触，会促进亲情的发展；另一方面，研究表明，如果父亲自然而然地照看孩子——抱他，与他亲昵，给他穿衣、换尿布——那么孩子也会释放与面对母亲时一样的亲情激素。

如你所见，亲情是建立人际交往能力的基础，是我们心理的基础。但亲情不是自然生发的，而是出现在婴儿或儿童与父母之间的互动中。

第2章
温暖的巢：亲情与自主

父亲、母亲与孩子

也许有读者要问，为什么我们总是说"你和你的孩子"？总是讨论母子关系或父子关系？我们为什么不把父母当作一个团队来看待？大多数父母确实是共同养育子女。尽管如此，孩子还是独立地与父亲或母亲建立关系。这就是为什么我们将每个家庭成员都当作个体来对待。如今，家庭形态也变得多种多样：大部分仍为传统的"父母子"；在德国，单亲家庭目前已经占到所有家庭的五分之一——在大多数情况下，即使在这种家庭中，孩子也与不（再）共同居住的父亲或母亲保持联系；还有再婚产生的重组家庭，对于孩子来说，又多出来了一个"加量父母"，有时还有同父异母或同母异父的兄弟姐妹。另外还有"拼养"家庭，父母并不是伴侣，甚至通常也不共同居住，这种关系的主要目的是要共同养育一个孩子。无论是何种家庭形态，都会对家长与孩子之间的关系发展产生重大影响。家长既是父母，相互之间又是伴侣。在他们的关系中，父母层面和伴侣层面往往以复杂的方式交织在一起。

父母层面和伴侣层面密不可分，这一点通常只有在出现问题时人们才能体察到。如果父母在伴侣层面上吵吵闹闹，比如，一方出轨了，那他们作为父母通常也不会合作得很好，甚至在谁去幼儿园接孩子这种问题上都无法达成一致。接孩子并不是一个天大的难题，但是问题的难点在于，这对夫妻把伴侣层面产生的问题延伸到了父母层面，结果把接送孩子演变成了一场冲突。同样，父母层面也会对伴侣层面产生影响。如果家长觉得为人父母困难重重或压力山大，伴侣层面往往也会出现问题。有时，伴侣关系甚至会在压力下破裂。他们可能把全部身心都投入父母的角色，把伴侣关系抛诸脑后，不再是丈夫和妻子，而"只是"爸爸和妈妈。

但是，如果一切顺利，父母相互之间的默契配合几乎不会引起自身的注意，不知不觉之中就把孩子抚养成人了。

孩子们希望他们的父母在总体上能达成共识。如果父母偶尔有不同的意见，或对日常问题有争论，孩子们是可以忍受的。但是从孩子的角度来看，父母总体上应该要合得来。用专业术语来说，他们应该能组建一个良好的父母联盟，这就要求他们相互合作和协调。

简而言之，孩子希望父母的伴侣关系是这样的：爸爸妈妈彼此相爱。

如果你意识到自己和伴侣的关系正处于冲突中，那就有必要来关心一下这个话题。因为如果父母双方不能很好地合作，孩子自然就会遇到问题。即使你一个人与孩子建立了非常好的关系，这个问题也会持续存在，因为孩子爱的是父母双方。

家庭生活中的常见问题

以下是可能使养育变得非常困难的典型冲突：

◇你对伴侣不满意，但是你想隐藏这一点，以免破坏家庭。你该怎么做？第一步，找出让自己感到不的真正原因；第二步，你应该更多地直面自己和自己的需求。这听起来很困难，也许你需要婚姻咨询中心的支持。但是付出努力是值得的，因为如果你一直隐瞒着困扰你的

第2章
温暖的巢：亲情与自主

东西，忍气吞声，那么你与伴侣的关系会进一步恶化，每一个相关的人都会受到伤害。

◇你和你的伴侣对养育的想法完全不同。通常，伴侣双方的不同价值观会在第一个孩子出生时显现出来。比如，一方可能非常重视孩子的安全，对孩子步步紧跟。而另一方则认为，独立是养育中最重要的价值，而对另一方的处处留心产生了极大的不满。另外，如何对待金钱以及将钱花在哪些地方，双方如果在这些方面想法大相径庭，也可能发生冲突。你该怎么做呢？在这种情况下，重要的是自己先想清楚，在生活中哪些价值观最重要，以及你希望将什么样的价值观传递给孩子。

◇你们俩永远超负荷。在许多伴侣关系中，双方并不清楚一天有多少任务，以及如何应对。两个人都累得要趴下，但是还在不停地争论，什么事没办成，哪些事没办完。你该怎么做呢？在这种情况下，与你的伴侣坐下来，写下你们能想到的与家庭和工作有关的所有任务。再写下那些你们在生活中一定要实现的个人愿望。然后一起看看，哪些任务不太重要，如何更好地应对重要任务，或在何处可以获得帮助。做这个练习的时候，把你们的家庭想象成一家小公司，你们该如何合理地管理它？

◇在你们的关系中，付出和获得不均衡。也许你觉得，你一个人养家糊口，而你的伴侣却坐享其成。或者你独自承担家庭生活中里里外外的事务，你的伴侣却当甩手掌柜。无论如何，你为此感到烦恼，甚至沮丧，以至于家里不断发生争吵。你该怎么做呢？我们推荐你读施特芬妮·施塔尔的书《亲密而独立》。我们在这里先提供给你一个非常简单的说明，通过它你可以找到方法来改变这种不平衡的状况。在这里，你还将找到另外一些典型问题的解决方案。

◇你们两个不平等。一方似乎更重要或更强大。伴侣在一起一段时间后，两个人变得不平等的情况并不少见。特别是建立家庭后，伴侣在家庭生活中的任务通常会发生改变。即使你根本不希望这样，但不久之后，力量平衡也会发生变化。有时，赚钱多的一方突然有了更大的决定权，或者薪水较低的伴侣"不允许"再上班了，或者照顾孩子较多的一方否认另一方的养育能力。你该怎么做呢？ 你的目标应该是与伴侣重新建立平等的关系。当你关注自己的内心，并且不再感到自己很渺小的时候，可能就会达到这一目标。

即使上面提到的冲突听起来都很严重，我们也要跟你说，一旦你开始正视这些问题，常常就会找到解决方案。我们非常渴望拥有一个幸福的家庭，以至于我们不愿意承认任何不和谐的地方，这往往会妨碍我们前进。

让自己想清楚，养育孩子是一项艰巨的任务。在伴侣关系中达到了自己的极限，或者为人父母后必须重新安排生活，这些都是完全正常的。孩子的需求是，父母应该很好地相互理解和相爱，这对于那些无法再在伴侣层面和睦相处，甚至想要分道扬镳的家长来说，是一项特别艰难的任务。因为伴侣可以分手，但是父母的角色并没有因为分手而结束。相反，如果你们还想好好地履行作为孩子的父亲或母亲的职责，就必须找到一种新的合作方式。即使分手了，至少在父母层面上仍然可以

第2章
温暖的巢:亲情与自主

相互理解,在养育的主要问题上能达成共识,这对于孩子来说十分重要。但是,这要求父母在处理冲突时深思熟虑,并且在出现问题和冲突时有能力将伴侣层面和父母层面分开。

当爸爸妈妈不再相爱时,孩子希望自己可以爱父母双方,并希望自己继续被父母双方所爱。

父母之间出现严重的、难以化解的冲突,对于孩子来说几乎是无法忍受的。较小的孩子会因为对紧张气氛和争吵无所适从而感到害怕。大一点儿的孩子更有可能说出他们的心里话。他们会对父母说:"你们像以前相亲相爱多好!"或"别吵架了!"当父母争吵时,十几二十岁的孩子会翻个白眼,叹气道:"又开始了!"

请不要误解我们对伴侣关系的看法:我们绝不是建议父母"为了孩子"而保持不愉快的伴侣关系。我们只想指出,无论父母是分开还是在一起生活,孩子都爱父母双方。如果父母能够做到双方都照顾孩子,至少在重要的养育问题上意见一致,对孩子来说是有好处的。如果只把孩子往一方拉,对孩子有害无益。比如,当孩子谈论他与父母一方的经历时,另一方不停地翻白眼,或者当着孩子的面说对方的坏话,等等。孩子希望他的"巢"(最初是由爸爸和妈妈之间的亲情筑成的)能继续存在。

即使大一点儿的孩子,他们可以更好地保护自己,不受父母争吵的影响,但他们内心深处仍然希望父母能和睦相处。

当然,伴侣关系还在许多其他方面会影响亲子关系。在这本书中,我们首先给大家展示的是,作为母亲或父亲,你如何很好地定位自己——

如何承担起亲子关系中的责任，使孩子感到既有亲情的呵护，同时又有自由。我们会问你很多问题，并会激发你去审视自己，向自己的内心出发，你可能会在这里或那里有所改变，说不定你的伴侣也会从这一发展中受益。

单亲家庭——艰巨的任务

我们讨论过父母分手对孩子的影响，但我们对单亲父母的情况还没有涉及。因为这绝非易事。父母一方缺席或极其不可靠的情况并不少见。与前任的沟通或合作经常困难重重，两个人往往有不同的养育理念。对于谁能和孩子在一起多长时间，谁来承担什么任务，双方会经常进行权力斗争。此外，还时常会出现经济上的忧虑和对家庭状况的不满。

对于许多单亲母亲（按比例而言，单亲父亲相对更少），"独自带一个或几个孩子"的家庭形态并不是她们最初想要的。她们希望有伴侣在身边。

当然，并非所有单亲父母都是如此。一些单亲父母与伴侣分手后可能会感觉轻松。有些人财务状况良好，还有一些人在分手后与前伴侣保持着友谊。

但是几乎所有的单亲父母都与子女有着非常密切的关系。形象地说，这个小家庭在小窝里更紧密地挤在一起。对于孩子来说，同住的父母一方是其主要的亲情对象，因此也是最重要的人——天空中最亮的

第2章
温暖的巢：亲情与自主

星星。爸爸或妈妈的细心关怀和平和的心态对于孩子来说尤其重要。一个和我们很要好的单亲妈妈有一次这样说："我的情绪总会感染孩子。如果我早上快乐地起床，他们也快乐地起床。如果我不开心，大家都不开心。"因此在单亲父母的肩膀上，塑造家庭关系的责任尤其重大。

许多单亲父母表示感到倦怠和筋疲力尽。这也难怪，他们承受着持续的压力，无论白天黑夜，无论在工作中还是在周末，他们都必须运转正常，没有能偷懒的时候。即使生病了，他们也必须照顾自己的孩子。单亲父母是"万能的"：打扫房间，开家长会，记得什么时候该去看儿科医生……单亲父母通常必须独自处理所有事情，没有时间放松心情，没有机会分散注意力。在这种压力山大的情况下，我们倾向于做出压力反应，陷入"旧的"影响和模式。我们可能会跟孩子说一些让我们后悔的话。

"我能给孩子所需的温暖吗？""我能在适当的时候放手，让孩子自主行动吗？"这样的问题单亲父母通常必须自己作答。

伊内斯是一位单亲母亲，也是我们开办的一个研修班的学员。她告诉我们，有一次压力很大的时候，她对女儿路易莎说："你让我头疼。"她本来绝对不想说这种话的。她自己小时候，母亲身体不好，类似的话曾让她深感内疚。在压力较大的情况下，我们会变得更敏感，并且容易坠入童年烙印的陷阱。为了防止这种情况发生，单亲父母需要多加照顾自己。

作为单亲母亲或单亲父亲，你肯定会觉得："这一点我做不到。你们不知道，我的时间天天排得满满当当。"在这种高负荷的情况下能抽出时间给自己肯定不容易。单亲母亲兼作家亚历珊德拉·维德默在她的《坚强的单亲父母》一书中指出，重要的不是要立即完全改变自己的生活，而是要从小步骤开始，问问自己："本周我能为自己做些什么？能做哪些具体的事情呢？"将目标定得低一些，保证你可以将其实现。也许你可以打电话给你的朋友，你们已经很久没通过话了。你可以为自己做最喜欢吃的菜，不管孩子们会不会抱怨，或者早上早点儿起床，安安静静地看五分钟报纸。这些都是"小型自我关爱项目"的例子。

单亲家庭还有很多其他方面的难处。比如，你的孩子很可能会受到父母分手的影响，他们很伤心，怀念过去的时光，你需要引导他们克服悲伤。也许你还在跟前任进行关于跟孩子的关系或抚养费的争执。限于篇幅，我们无法在这里详细介绍所有内容。但是正是由于你和你的孩子关系紧密，所以我们深信，你可以从进一步认清母子关系或父子关系中受益，本书的目的正是要帮你做到这一点。

你与孩子之间亲密无间的关系是养育的良好基础。因此，从现在开始，请关注两个人：你和你的孩子。所有其他章节都围绕着你如何对待自己作为父亲或母亲的角色。也就是说，每个父母都首先要管好自己的那一份。如果你能恍然大悟，或者改变自己的行为，这些都将反馈到你的家庭之中。

第 3 章

亲情与自主的平衡

第 3 章
亲情与自主的平衡

亲情和自主会影响我们的整个生活。在每一种关系中，甚至在国家和国家之间，都是合作（亲密关系）或彼此争论并捍卫自己的独立性（自主）的问题。如果我们的父母既能满足我们对亲情的需求，又能满足我们对自主和独立的需求，那么我们就同时获得了这两种能力。下表简要概述了这两种能力的内容：

亲情能力	自主能力
◇想取悦他人	◇感觉大家是彼此独立的
◇可以对其他人的感受共情	◇能感觉到自己的愿望和需求
◇敞开心扉/倾听	◇设定目标
◇能够适应/合作	◇讨论和论证
◇能够让步	◇不怕争论
◇能够信任	◇能够贯彻自我的意愿
◇即使情况困难，也能坚持	◇能够分离

在自主能力和亲情能力之间保持良好平衡的人，既可以适应环境又可以坚持自己的意愿，具有关系能力、工作能力和享受能力。有趣的是，这些能力也构成了我们心理健康的三大支柱。

可以说，我们应该在对亲情和自主的需求之间保持良好的平衡，我们的幸福感和心理健康就是建立在这个平衡之上的。

平衡受到干扰时

但是，许多人并不拥有这种平衡，他们或者更倾向于亲情，或者更倾向于自主。也有不少人在亲情和自主之间摇摆不定。换句话说，他们有时会过度适应，有时又过于界限分明并以自我为中心。这会对人的行为层面产生影响，使这些人在较长的一段时间里通过抑制自己的许多需求来取悦他人。但是从长远来看，这些需求是无法掩盖的，最终他们会从别人身边逃走，以恢复以前自愿牺牲的个人自由。

无论是亲情和自主的天平发生明显倾斜，还是在亲情和自主之间摇摆，两种类型的失衡都会对你的生活和人际关系产生重大影响，尤其是与孩子之间的关系。

那些过于自主的人，他们的内心其实也是过度适应的。他们也像适应型的人一样，认为他们必须符合对方的期望。但是，这会激起他们的抵触和反抗，于是他们偏不做别人希望他们做的事情，倒向对抗的一边。是自主还是适应，这样的决定是在无意识的情况下做出的，而且通常发生在童年和少年时期。年龄较大的孩子可以选择到底是符合父母的期望，还是反抗它们。

违反父母期望的行为代表了孩子与父母的分离，这在青春期表现尤为明显。但是，有些人在成年后仍然固着在这种反抗态度里。他们既不能心安理得地说"是"，也不能问心无愧地说"不"。如果他们说"是"，内心就会重现儿时的感觉，好像他们要屈从于成年人的期望，

第3章
亲情与自主的平衡

如果他们说"不",他们会感到内疚。这常常导致一种不置可否的态度。也就是说,他们不会清楚地表明自己的立场,也不愿意做出决定。

适应型和自主型

◇内部平衡过度倾向于亲情的人往往天真,需要和谐的生活环境,过度适应,不太有主见并且缺乏攻击性。他们生活在莫名而又长期的恐惧中,害怕被冒犯和被拒绝。与一个亲近的人在一起,会让他感到最安全。对他们而言,亲情意味着安全。因此他们总是尽力符合他人的期望。

◇内部平衡过度倾向于自主的人往往多疑,不愿意妥协,以目标为导向,有主见,他们需要很多个人的自由空间。对他们来说,不信任其他人,自己做事情才是安全的。因此他们不让任何人真正靠近自己,并始终保持批判性的距离。

为了表达方便,我们把内部平衡过度倾向于亲情的人称为适应型,把内部平衡过度倾向于自主的人称为自主型。两个概念都不包含价值判断,只是为了行文更加简洁。而这里所涉及的亲情能力和自主能力,也许你会惊讶地说:"我们正是希望自己与孩子共同生活时具备这些能力。一方面,我们想疼爱自己的儿女,了解他们的心情,与他们产生共鸣。另一方面,我们要有家长的样子,要满足我们自己的需求,并将孩子视为独立的人。"你说的没错。如果我们能够在家庭中保持这种平衡,就会拥有共同生活的良好基础，每个人都会感到舒服，得到发展。

世界观对养育的影响

作为父母，我们抚养孩子的目标是给孩子必要的安全感和亲情，以及必要的自由和自主。让我们首先看一下我们的孩提时代，看一看自己是不是从小就擅长保持亲情与自主之间的自然平衡。作为成年人，我们经常觉得，我们维持社会关系的方式与我们的性格有关。某个人可能非常有爱心，另一个人需要保持远远的距离；某个人很容易跟别人相处，而另一个则不能。但是，我们忽略了一个事实：我们如何塑造人际关系，如何在亲情和自主这两极之间生活，虽然与我们的性格有关，但与我们的父母对我们的早期影响关系更大。这些早期影响是我们在人际关系中的感觉、思想和行为的基础。尤其是在我们作为父母与自己的孩子打交道时，这些早年形成的模式往往更加凸显出来。

我们基本的亲情能力和贯彻个人意愿的能力，在很大程度上取决于我们的父母是否成功地满足了我们对亲情和自主的愿望。如果我们得到过很多爱与关怀，那么我们通常很容易将这种爱与关怀传递给我们的儿女。反之，如果我们的父母——或者父母中的一方——没有让我们感觉到他/她无条件地爱我们，那么我们可能很难以这种方式接纳我们的孩子。我们也可能怀着良好的意愿，想彻底摒弃自己父母的做法，结果却是我们太多的爱让孩子感到窒息。

第3章
亲情与自主的平衡

大家可以把我们童年受到的影响想象成一副眼镜。小时候，通过与父母的互动，我们学习了如何在亲情和自主这两个极点之间移动。如果我们的父母无条件地爱我们，同时为我们提供关爱和自由，那么我们就会学到：我这个样子挺好的。我可以爱别人，而不必总是取悦他们。我可以做自己想做的事，而不会因此受到惩罚。

可以说，儿时的经历仿佛为我们戴上了一副眼镜，我们通过这副眼镜来看世界。成年之后，我们仍然保留着这副眼镜，也就是说，成年人生活中的主观现实仍然受到童年经验的影响。我们还通过这副眼镜来看待我们的孩子，并对他们做出相应的反应。因此，我们一定要了解一下这副眼镜，只有这样我们才能有意识地改变对孩子和我们自己行为的看法。

在童年时代，父母给我们提供的环境是我们最重要的现实。我们会觉得，自己在这段时间所学的东西都是无可争议的真理。

比如伊丽莎白，她在童年时代觉得父母并不理解她。父母常常让她感到，她的感觉和想法是错的。因此，她对自己的能力没有信心。这就是她感知现实的眼镜：她生活在不断的恐惧中，害怕失败和被拒绝。现在她自己有了孩子，作为母亲，她自然而然的一个重要冲动就是，她必须保护自己的孩子，让他免受对失败的恐惧。她没有看到，这样的恐惧是她个人的问题，是她小时候所受养育的结果。相反，她认为害怕失败是一种现实的威胁，人应该保护自己免受其伤害。于是伊丽莎白从这种理念出发，促进孩子各方面的发展，并认为这对孩子有好处。

她迫切希望自己的孩子在体育运动、社会生活和学习中都发挥潜能，有上佳表现，从而不必担心失败。然而，孩子对母亲的高要求感到不知所措，并最终对失败产生了和她一样的恐惧感。由此看来，伊丽莎白的意图是好的，效果却恰恰相反。

伊丽莎白的例子非常清楚地说明了，为什么好好认识我们的童年烙印很重要。否则，我们会将自己的经历和童年所受的伤害转加到孩子的身上。

亲情和自主是使我们的"眼镜"变色的最重要因素，两者对于我们的生活都无比重要。如果我们内心存在没有化解的对亲情的渴望，我们可能会过度地关爱孩子，而没有足够注意他们自主和独立的愿望；相反，如果我们有超乎寻常的对自由的需求，并且由于我们自己的童年经历而更倾向于自主，我们会觉得孩子对亲情和照顾的愿望是对我们的束缚。在这种情况下，我们可能会忽视他们对关照、关爱和理解的需求。

只要我们通过"童年眼镜"观察世界，我们的感知总会失真。失真意味着我们可能会对某些细节视而不见，忽略一部分现实，无视某些信息或以适合我们的方式来解读这些信息。

我们都能察觉到这种偏差。因此，父母看待子女时出现盲点的情况很容易发生。

有两个例子说明了这种失真可能产生的影响：汉娜和乔纳斯就是一对戴着"童年眼镜"的父母，他们的"眼镜"会使亲密感和依恋感

第 3 章
亲情与自主的平衡

变得极大——因为他们俩在童年时代一直缺乏亲情，所以他们看儿子埃里克的时候用的是"亲近眼镜"。两个人是十分投入的父母，儿子也是他们期盼来的孩子。埃里克是汉娜的第一个孩子，而乔纳斯在前一次婚姻中的两个子女已经成年。汉娜一直想要孩子，她觉得很幸运，能遇见乔纳斯，又生了埃里克。汉娜小时候总是感到有些孤独。她的父亲在德国北部的一个小镇上经营着一家涂料公司，母亲也帮着照料生意。汉娜的父母虽然总是在她身旁，因为他们家就在商店楼上，但没人真正有时间陪她玩。汉娜经常在楼下的商店里玩洋娃娃，妈妈偶尔会和她一起玩。汉娜仍然记得，每当小商店的门铃叮当响起时，她的母亲就会跳起来冲向柜台，玩耍就突然中断了。简而言之：汉娜的亲密关系需求在自己的父母那里并没有得到完全的满足。乔纳斯则相反，他属于那种不喜欢被束缚、重视自由的人。对他前两个孩子来说，他是一个比较冷淡、与孩子保持距离的父亲。现在，回首往事，他觉得自己跟孩子们界限分明是不对的。现在他有了儿子埃里克，有机会改正了。他希望与这个孩子相处得更好，成为一个平易近人、充满爱心的父亲。

所有人都会认为：这不是万事大吉了吗？但是，如果仔细看看，你就会发现，过多的亲近使孩子对自主的需求被忽略了：三岁了，埃里克仍然只吃粥。原因是当他吃胡萝卜或苹果等必须咀嚼的食物时，他经常会呛着。经过多次医学检查，也没有发现孩子身体方面有导致吞咽障碍的原因，而且只有在吃固体食物时才会发生这种情况。

到底是怎么回事呢？埃里克适应了他父母的需求，为了巩固和父母的亲情，最终发展出一种心理性吞咽障碍的症状。

汉娜坚信，她的儿子不能吃固体食物一定有器质上的原因。乔纳斯也接受了这一观点，因为他不想跟汉娜争论。埃里克从未吃过固体食物，汉娜也在想，她是否应该把好不容易申请到的幼儿园名额退掉，因为老师们已经表示，她们不想给埃里克喂饭。

埃里克就这样一直被当成小宝宝养着，因为他的父母只从自己的经历出发，过分重视了养育子女时亲情的部分。他们两个甚至都对此有所察觉，但并没有进行更深入的思考，而是有时称自己为"我们的小家庭"——认为他们的养育风格来源于个人的特殊情感。但是，从儿童心理学的角度来看，情况却完全不同：汉娜和乔纳斯用自己的行为屏蔽了外部世界，满足了自己对亲密关系的需求，但以埃里克为代价，导致他三岁了还不知道该如何自己吃面包，他对自主的追求完全被忽略了。

下面一个例子显示了，对自主性有强烈渴望的父母如何经常将过多的负担加给孩子们。这是关于两个自主型父母的例子。这种例子可能更常见，因此也更应该引起重视。卡琳娜和汤姆住在柏林，有两个孩子（分别是两岁和四岁）。汤姆是电影摄影师，卡琳娜是自由职业者——在线营销顾问。像很多父母一样，卡琳娜和汤姆都想兼顾孩子和事业。由于汤姆作为摄影师有时会整整一周都无法回家，因此卡琳娜常常一个人承担着双重责任。她通过各种形式的托管来解决这一困境。除了

第3章
亲情与自主的平衡

幼儿园之外，孩子们还有四个不同的临时保姆，一个邻居也时不时来帮忙。卡琳娜通常只在早上见到孩子，而且时间不长，晚上她有时间照看孩子时，基本上保姆已经收拾停当，准备让孩子上床睡觉了。当卡琳娜周末独自与孩子们在一起时，她更喜欢拉着他们与朋友或其他家庭聚会。她认为，孩子最好是跟其他孩子一起玩。卡琳娜忽略了一个事实，那就是对于她的孩子们来说，压力太大了。他们必须不断适应新的成年人。他们从来没有感觉到父母，哪怕其中一方，真的愿意花时间陪他们。他们感觉没有家庭的港湾。卡琳娜并没有注意到这一点，因为在她的童年时代，她感受到母亲的束缚，她的母亲对她的情况无所不知，对她的照顾也无微不至。她觉得透不过气来，这就是为什么她十八岁就搬到柏林的原因，她终于可以呼吸大城市的自由空气了。

在养育孩子的过程中，最大的危险是我们通过"童年眼镜"感知他们的需求，因此——至少部分地——忽略了孩子的需求。

由于卡琳娜戴着"自主眼镜"，所以她没有感觉到自己的孩子到底需要什么。一方面，她经常口头上对两个孩子表达她的爱意，说"你们是我生活中最精彩的部分"之类的话，因为两个孩子确实都是她和汤姆希望要的；另一方面，她却希望孩子们顺应她自己的生活方式。就在最近，卡琳娜又把孩子交给了刚见过一次面的新保姆，让他们在她家过夜。虽然两个孩子都在哭，卡琳娜却简短地跟孩子告别，并充满信心地说："你们没问题的，完全可以做到！"然后就扭头走了。对孩子来说，这让他们对父母的亲情产生不确定感。一方面，孩子觉得自己为妈妈所爱，因为妈妈一直是这么跟他们说的；另一方面，他们并不完全确定妈妈的感情，否则她可能会花更多的时间陪伴他们。虽然小女儿经常在卡琳娜面前哭泣并"黏着"她，但大女儿已经学会了掩饰自己的感情，变得勇敢。她下意识地希望，如果她不表现出被遗弃的感觉，妈妈会更爱她。

学会内省

你大概已经注意到了，要想充满爱心地养育孩子，我们就要敢于面对自己的过去和童年的烙印。有意无意地，我们总是在养育的过程中采用父母用在我们身上的方法。心理学家荣格也指出，我们应该仔细研究一下，我们想要在自己孩子身上改变的东西，是不是"我们自身应该改变的东西"。

因此，我们要做的第一步就是认清我们的"童年眼镜"。为此，我们必须反思与孩子接触时我们的行为、感受和想法。反思意味着自我观察，使我们审视自己的目光变得更加明亮，角度更加宽广。我们将从上方俯视自己。从那里我们可以问自己："我到底在干什么呢？"这时，我们一定要先放松心情，这一点非常重要。

反思是一种尽可能不带价值判断的自我观察。如果成功的话，它将具有决定性的优势：在对自我进行观察的时候，我们可以在一定程度上不受情感的干扰。反思使我们能够以冷静的方式看待我们的亲子关

第3章
亲情与自主的平衡

系。然后，我们可以扪心自问，为什么我们以这种方式行事，而不是以另一种方式？我们可以心平气和地考虑一下，是否应该像以前一样继续我们的亲子关系，或者以不同的方式塑造这种关系。这样，反思就成为改变和转型的起点。

这不是要大家以批判的眼光审视自己在养育子女方面表现如何，也不是要大家在内心训诫自己。只是想让大家看到，自己到底在做什么。

如果我们处于情绪起伏的状态，正心情激动、愤怒或悲伤，那我们就不太可能分析我们行为的真正原因。因此反思往往是我们平静以后才可以进行。如果大家想改善亲子关系，应该多花一些时间进行反思，不要期望自己在困难的情况下能立即拿出新的解决方案。我们一起来看看下面这个例子：

晚餐时刻，马库斯从餐桌边上站起来去洗手。他打开腌黄瓜的玻璃瓶时，里面的汤汁洒了出来，把他的手弄得黏糊糊的，他想去洗一洗，再接着吃饭。等他洗完回到餐桌边时，他发现三岁的保罗已经用手指在黄油上钻了三个洞，正准备用食指钻第四个。马库斯脱口喊道："不许玩食物！快停下来！"他听到自己在大喊大叫，正要一拳打在他心爱的小保罗的手上。千钧一发之际，他突然惊醒过来，他停下来问自己："我在做什么？"孩子也看着他，完全被吓坏了，显然他根本没觉得自己做错了什么。马库斯坐了下来，像是经历了一场危机，他感到筋疲力尽。他感觉到，有些事情让他失控了。他把黄油盒子从保罗那里拿开，决定先把晚饭吃完。

马库斯想：为什么看见孩子搅和黄油，我就要大发雷霆？这看起来是有点儿恶心，但也不至于引发大战。为什么这景象让他如此恼怒呢？直到后来，当他告诉妻子这件事时，他才意识到背后有他自己的故事。马库斯小时候，他的母亲非常重视清洁和秩序。她总是把他的手指擦得干干净净。直到今天，他仍然讨厌手指上沾着东西的感觉，所以当手上沾了腌黄瓜的汤汁时，他立即洗了手。当他回想起当时的情况时，他几乎笑了起来。没错，他有点儿洁癖。但是他一定要把这一点传给自己的儿子吗？还是不要吧。马库斯和妻子思考了一下他们以后如何应对这种情况。因为下一次"弄脏手"肯定还会发生。

因此，自我反省意味着要问自己：这种情况是否反映出我自己和我的"童年眼镜"的某些信息？我是怎么长大的？我的父母在类似情况下做出过何种反应？我从中学到的养育方法是什么？我要面对的有哪些感觉？为什么呢？只有这样，你才能像大扫除一样，决定哪些东西要保留，哪些东西可以留下来，但是要改变一下形式，哪些东西应该扔掉。

如果你真的能保持良好的自我观察的心态，不会陷入自责，那事情会很简单，一点儿都不难。相反，内省还会令你感到兴奋，你会更好地了解自己。

也许你觉得我们只会高谈阔论。当然，改变自己的行为总是说起来容易做起来难。但是，每一点改变都是从自省开始的。开始自省时，你已经迈出了第一步。

第3章
亲情与自主的平衡

在阅读这本书的过程中，你会有更多机会来反思自己、自己的过去和孩子。我们把这些应该反思自己的地方标记为"内省区"。每个"内省区"里都包含一些你应该一追究竟的问题。这些问题类似于计算机上的搜索命令。你会首先向自己提出这个问题，然后，"硬盘"上——即你的大脑中——存储的图像、回忆和想法会浮现出来，你会渐渐地找到答案和想法来回答你的问题。在下一节中就会出现"内省区"。你可以问自己："我自己小时候是什么情形？"

自己小时候的情形

如果我们想知道自己在亲情和自主问题上的态度，就不可避免地要面对我们的童年时代。对于某些人来说，这很容易。他们喜欢反思父母对他们个性的影响。有一些人则感到困难。原因可能多种多样：有些人害怕痛苦的回忆。他们想压抑过去的一切，不想再触碰过去。这种愿望很容易理解，有谁喜欢面对痛苦的经历和折磨人的感情呢？很多人还对父母满心敬畏，觉得对他们进行批判性的反思是一种背叛。他们觉得对父母有感恩的义务。另外还有一些人深信，儿童时期的烙印不会发挥如此重要的作用，会气呼呼地问自己："为什么我的父母现在应该为这一切负责？"

孩子们必须把自己的父母理想化，因为他们只能听命于父母，完全身不由己。

通常，人们会陷入对自己父母的理想化之中而难以自拔。所有的孩子都把父母理想化，因为从他们的视角来看，父母很高大，而他们自己很渺小。

当一个小孩遭到父母粗暴的对待时，他会相应地思考和感觉到：我错了，父母惩罚我是对的。孩子不会想：他们两个患有亲情障碍，需要心理治疗！孩子这样想有两个原因：

◇一方面，年幼的孩子在智力上根本没有能力对父母进行道义上的独立评估；

◇另一方面，孩子必须将父母视为好的和正确的。如果他们发现，自己的父亲或母亲没有能力甚至是危险的，会给他们造成深深的被遗弃和恐惧的感觉——这可能比忍受无能的父母还要糟糕。

只有当我们开始了解真实的父母时，我们才能辨识出自己所受的影响，并以某种方式理解它们。

通过理想化，孩子们可以在某种程度上保护父母，从而也保护自己。这种理想化往往会延续到成年。这意味着，我们成年后会认为我们的童年很棒，但事实可能并非如此。在心理治疗师的工作中，我们一次又一次地经历过，我们的来访者或研修班学员突然意识到自己的童年并不像他们以前以为的那样美好。起初这当然很痛苦，但是这种痛苦最终将使他们获得更多的自由。

比如，他们会突然明白了，为什么有人批评他们时，他们如此容易不安，或者为什么正义对他们而言如此崇高而神圣。"我并不重要——

第 3 章
亲情与自主的平衡

我从小就知道这一点。"一位参加研修班的学员最后认识到。现在，以这种新视角，她明白了为什么自己经常感到筋疲力尽。作为四个孩子中最大的一个，她不得不帮助母亲照顾她的小兄弟姐妹。她的母亲对她的期望如此，从没问过她对此感觉如何，对她母亲来说这是理所当然的。现在，在自己的家庭里，她承担的还是以前习得的角色：首先是照顾孩子，然后是家务，然后是丈夫，再也没有满足自己需求的空间了。难怪她有时会感到疲惫不堪。

很显然，了解父母对自己的发展的影响非常重要，有助于搞清楚自己对现实的看法。许多问题是由于对现实的扭曲感知，或把现实排斥于意识之外所造成的。

如果想把儿子莱昂一直拢在身边的萨宾娜能对自己承认，她在自己的父母那儿缺少一些亲情，想在自己孩子那里弥补这一点，那么她最终会问自己，她的行为是满足儿子的需求，还是满足自己的需求。她会意识到，自己对亲密的渴望让她的儿子不知所措——儿子对她的拥抱并不那么热衷。然后，她可以做出一个新的决定，认真地看待孩子，看待他发出的信号和他的发展，并对此做出反应，而不是用自己对亲密的渴望淹没它。她可以决定，将来不再将自己的渴望完全转移到孩子身上，放弃与孩子的共生关系，给孩子松绑。也就是说，她可以更容易地认识到，她和她的孩子是彼此独立的，并不总是有相同的愿望。在这种情况下，她可以更好地感知莱昂需要安静和保持距离时发出的信号。

父母给我们的好的影响我们尽可以接受，运用到我们与自己孩子的关系之中。而那些有问题的童年印记，我们应该更仔细地加以考量，并设法去除它们。也就是说，我们既不要不加思考地接受这些印记，也不要矫枉过正，做与父母完全相反的事情，从而再次陷入极端。最好是我们能在内心里与其保持健康的距离，有意地将它们搁置一旁。这样，我们就不会把它们传递给孩子。这样，我们就能甩掉过去的包袱，成为自由的父母，可以把孩子培养成坚强、自信和有能力建立亲密关系的人——即使我们自己的童年不尽如人意，至今仍可能给我们造成障碍。通过自我反省，我们可以阻断把问题传到下一代的链条。

如果我们有勇气面对自己的童年烙印，并对父母或优或劣的影响究根问底，那么我们就可以"把好的收入囊中，把坏的抛之脑后"。

回到小时候

如果我们想仔细看看自己的童年印记，第一步就是有意识地回想一下自己成长的氛围：我的父母是如何处理我的"亲情—自主需求"的？他们是不是同时满足了我对亲密关系和独立性的需求？

以下练习将引导你追踪自己童年的烙印。你可以创建一张自己的《亲情经历图》，从而对自己的印记有一个概括性的了解。追溯到童年时代可能需要一点儿勇气，但是对内在亲情关系的了解是走上改变之路的第一步。因为只有当我们意识到某些事情时，我们才能改变它。

第3章
亲情与自主的平衡

这种改变不仅对你,对你的孩子来说都至关重要。

如果愿意,你可以把反思童年时得到的想法和回忆写下来。你也许愿意准备一个"无格本"来记笔记。你可以买一个装订精美的笔记本做下面的反思练习,后面其他练习中也都用得着。

内省区:探索自己的童年经验

准备用二十分钟来做这个练习。逐个阅读问题,逐个体会每个问题,让答案自动浮现。你内心的眼睛可能会看到图像,你内心的耳朵可能会听到词语、句子和声音。如果你愿意,可以写下你此时的想法。首先要注意的是,你要在内心里回到自己的童年时代。也许你先进行练习,然后再花一些时间写下你的经历。重要的是你要知道,自己的记忆是否"正确",也就是说,是否可以客观地验证它们是无关紧要的。重要的是探索你自己对童年的感觉。这里关注的是你的感觉,是你的主观现实。

找到你的回忆轨迹

- 回想一下自己父母的家,试着打开并进入当时氛围的大门。
- 你小的时候(六岁以前)在哪里长大?
- 你的公寓/房子怎么样?
- 有几个房间?你还记得你们有什么家具吗?

● 你是否一直生活在一个地方？还是搬过很多次家？

● 你还记得一进门时闻到的气味吗？

● 你家里都有什么人？谁经常来？

如果你觉得舒服，可以闭上眼睛回答这些问题。如果你不想闭上眼睛，请尝试以放松的方式看着前方。这样更有利于你将注意力向内心转移。

你的父亲和母亲满足了你的亲情需求吗？

● 现在，问问自己：是否曾感到受到父母的关怀、照顾和爱？在问这个问题时，你自己内心感觉如何？

● 你是否感到安全和被呵护？

● 父母的爱是有条件的吗？还是他们爱的就是你本来的样子？如果你对这个问题没有立即产生感觉，你可以想象与父母在一起时的一些典型情况，然后你将能够感觉到，他们是如何对待你的，以及你自己的感觉如何。

● 当你想这些问题时，会涌现出什么样的感觉？是温暖的，还是痛苦的？

● 你的父母之间是否存在差异——你是否觉得有一方更爱你？

● 现在你可能已经大致了解了父母是否满足了你的亲情需求。在进行下一组问题之前，请深呼吸。下面要考查的是你的独立性和自主性的问题。

你的父亲和母亲如何促进你的独立性？

● 现在感觉一下，父母在支持你的自主发展时做得如何。

● 你的父母是否信任你做某事？他们有教你如何自立吗？（比如，教你如何系鞋带或煎土豆……）

● 他们是否鼓励你自己做事情？（比如，独自上学、购物……）

● 还是你受到了过度看护，你的父母替你做的事情太多？

● 他们是否允许你与他们分离（比如，允许你有不同的意见、自己搬出去住……）？分离时你会不会感到内疚？

● 在自主方面，他们为你做出了什么样的榜样？

现在，你想记笔记的话就开始吧。但是真正重要的是你在回忆时的感受。这些感受会告诉你，父母对你的亲情和自主需求是如何作答的。

通过回忆自己的童年经历，你现在也许大致了解了自己在亲情和自主方面的平衡状况，它们是处于平衡状态，还是处于不平衡状态，更偏向于亲情还是自主。

渴望亲情——适应型父母

也许你觉得从自己的父母那里没有得到足够的爱，所以即使在今天，你仍然渴望拥有亲情和眷顾。也许正是如此，你才做任何事情都力求正确，力求完美。可能是因为你十分渴望得到认可和喜爱，才出现这种过度适应的状态，你的自主能力，即执行力和目标定位都缺乏一点点训练。你对认可的渴望也影响你对待自己孩子的方式。

你可能会发现，你很难坚持自己的立场，坚持让孩子遵守规则。也许你还会尝试通过孩子满足自己对亲密关系的需要——尽管这本身不是什么坏事——但有时这可能会使你对孩子缠绕太紧，超出了他的意愿。

对你来说，孩子出生后的头两年可能是最美好、最轻松的，因为小宝宝需要如此多的爱和关怀。但是，最晚从反抗期开始，你的孩子将开始试探，家长是否给他设定了明确的界限，这些界限会不会一直保持不变。他想知道，如果他捣蛋，你是会坚持原则，还是会屈从退让。他想知道，你宣布的戒条是不是铁定的原则，即使他竭力反抗也无法撼动。除了你的爱心，孩子还需要你的执行力，这将给他稳定感。

渴望独立——自主型父母

也有可能，你属于那些内心的天平更倾向于自主的父母。要么是因为你觉得母亲或父亲给你的爱太少，要么是因为他们的爱让你喘不过气来。

第3章
亲情与自主的平衡

当孩子觉得自己的父母或父母一方爱自己太少，就可能出现这种情况，他会（不自觉地）决定，"不管你们了"。从这一刻开始，他只会依靠自己，并且始终与他人（包括自己的伴侣）保持一定的安全距离。他不会让任何人靠得太近，以防被深深地伤害。

但是，也有些人被父母的爱压得喘不过气来。这使他们对过于亲密的关系产生了"过敏"，害怕与他人建立亲密关系。他们也非常注意捍卫自己的自主权，周围的人如果对他们提出要求或期望，他们很容易觉得自己受到了管束，常常会引起他们叛逆式的反抗。这对于儿童，尤其是对小宝宝来说，构成了真正的挑战，因为他们需要很多的关爱，需要父母具有适应能力。因此，如果你更偏向自主型，那么照顾宝宝这件事可能会在你身上不断产生压力。你感到被他人控制和受到约束，甚至有时想逃避责任，一走了之。

自主型与适应型之间的父母

注意！有不少人在两极之间摇摆——有时他们表现得过度适应，有时又过于自主。有时他们渴望亲密无间，然后突然又需要自由。过度适应的人往往不能坚持自己的主张，所以可能会出现这种情况：一开始他们表现出适应和关爱，而后却更加坚定地划清界限。在伴侣关系中，他们经常走忽冷忽热的锯齿形路线。在与孩子的关系中，这可能产生以下效果：最热烈的爱与逃避的幻想以及暴躁情绪相伴出现。

题外话：父母各自的强项

也许你在"内省区：探索自己的童年经验"中已经注意到了，母亲更像是亲密的照顾者，而父亲更像是自主的拥护者。这不是巧合，在亲情和自主之间形成两极型的性别分布是一种典型的现象。女人更趋于适应，男人更趋于自主。我们在这里有意识地写上"更趋于"，因为我们指的是一种倾向，当然也有适应型的男人和自主型的女人。

夫妻为人父母时，女性首先是这个温暖小窝的看护者。孩子在母体中长大，习惯了母亲的声音、心跳和动作。即使在孩子出生后，母亲通常也会首先承担照顾婴儿的工作。她们为婴儿提供了生存所必需的温暖和关怀。她们充满关爱，也就是说，她们确保还不能独立生活的小人儿得到他需要的一切，保障他不会发生危险。在生命的最初阶段，婴儿与母亲紧密相连。她是他的初恋。婴儿的第一个微笑往往是给母亲的。通常，母亲会用关爱回应小宝宝的亲情需求。她的身体里的新陈代谢过程为她提供保障：在催产素这种亲情激素的作用下，产妇的大脑在孩子出生之后会专注于照顾和关怀他。因此在亲情依恋理论中，母亲被看作主要的亲情依恋对象。但是，即使通常情况下，母亲对于亲情需求的应答要好于父亲，但也不是说所有母亲比起父亲来总是更以亲情为导向，父亲有时也可以承担母亲的角色。

有时，祖父母、收养人或养父母也会扮演主要亲情依恋对象的角色。他们可以像亲生父母一样担当这个角色。

第3章
亲情与自主的平衡

雷根斯堡大学的心理学教授克劳斯·格罗斯曼博士和卡琳·格罗斯曼博士对父母的亲情和自主行为进行了广泛的研究。他们发现，在所有文化中，父母的角色都有典型的划分：母亲是关怀和亲昵的基地，而父亲则主要是游戏和促进型的伙伴。父亲会比母亲对孩子提出更多的要求，有时还会和孩子一起玩更危险一点儿的游戏。

当孩子进行尝试并探索世界时，父亲往往更能承受这一点。如果孩子遇到困难或尝试新事物时，他不会立即介入。母亲可能会紧张地说道："快把剪刀从孩子那里拿开。"而父亲则会冷静地回答："不用，让他玩吧。"父亲会更多地支持孩子的自主尝试。

"与母亲相比，父亲给幼儿带来的挑战更多，并且通过逗笑使他们更加好奇。这可以鼓励促进孩子的毅力、解决问题的能力和自信心。"教育家和父亲问题专家阿克塞尔·斯西勒说。

此外，许多父亲通常比母亲更喜欢运动。他们喜欢和孩子们跑跑跳跳。一个典型的例子是学走路。当孩子摇摇摆摆地迈出第一步时，父亲更有可能放开他的手，并鼓励孩子独自走几步。父亲更加信任孩子的能力。研究甚至表明，当父亲和孩子说"走到爸爸这儿"时，他和孩子之间的距离比母亲与孩子的距离更大。妈妈更多的情况下会迎向孩子，并更早地向孩子伸出援助之手，相比之下，父亲更多促进了孩子的自主能力。

这正是进化对我们的完美眷顾。在照顾婴儿和学步儿童的阶段，父亲和母亲可以完美地相互补充。母亲由于怀孕和母乳喂养而承担起养护和照料者的角色，父亲则代表玩耍、挑战的部分。由此可以推想，让妈妈放手有时会有更多的问题，妈妈很难满足孩子的自主权。也许这也可以解释，孩子入学那天妈妈为什么会流眼泪，而爸爸在照顾孩子方面为什么有时会粗心大意。以我们的朋友安德里亚为例，她与丈夫乌利和两个男孩（两岁半和四岁）一起在波罗的海度假。他们玩过水从海里出来时，孩子们冻得嘴唇发青，浑身发抖。乌利首先不慌不忙地把自己擦干，安德里亚则先照顾孩子，把他们擦干，穿上暖和的衣服。当两个小孩子都穿好了浴袍坐在沙滩椅上时，她才去照顾自己——这时她已经冻了大半天了。安德里亚和乌利都没有想过，他们在这种情况下的行为有多大差异，好像一切都顺理成章。他们自动进入各自的角色，最终的结果是孩子们得到了很好的照顾。

也许有人会从这个故事得出结论：传统的角色分配是完全正确的。但事情并不是看上去那么简单。

的确，生产时，母亲的大脑会释放幸福激素和催产素。母乳喂养和与婴儿的皮肤接触也使激素源源不断地涌出，使母亲彻头彻尾地爱上孩子，心甘情愿地好好照顾他，不惧困难。当父亲与婴儿发生身体接触，比如拥抱、换尿布和抚摸孩子时，父亲身体里也会产生更多的亲情激素——催产素。如果父亲是主要亲情依恋对象，他的大脑会加强调节，让自己进入照顾者的角色。

研究还表明，父亲和母亲基本上都能耐心地适应年幼的孩子。

因此，我们可以说，父母双方都可以扮演照顾者的角色，也可以鼓

第3章
亲情与自主的平衡

励孩子独立。但是，母亲往往倾向于照料的一极——尤其是在孩子还很小的时候，父亲则感觉更接近另外一极，更多地挑战孩子并引导他们独立。两种优势共同确保了孩子既得到良好的照顾，又勇于探索世界。

如果我们接受这一点并看到每个角色的特长，就可以避免许多争论。不幸的是，在现代伴侣关系中，有时双方都认为自己对事物的看法是正确的。母亲抱怨父亲，是因为他们郊游时忘了给孩子带吃的。父亲抱怨母亲，是因为孩子都八岁了，上学时妈妈还帮他们背着运动包。如果能给对方多一点儿赞赏和好意，可能效果会更好。

自二十世纪七十年代以来，父亲的角色一直在发生变化。"新型的"活跃的父亲觉得自己也像母亲一样对子女的教育和成长负有责任。

由于与孩子之间的关系更加紧密，父亲的角色里加入了很多生活的内容。这就需要男人来重新定义自己作为父亲的角色——也许他更像母亲了。但是，他常常缺乏榜样，因为他自己的父亲在他的童年时光里经常缺席，对家庭的关心也很少。因此可以说，年轻的父亲们正在跨入全新的领域。一边是对孩子的亲情，一边是在伴侣关系和事业中作为男人的自我定位，他们正在两者之间寻找一条正确的路径。在探索的过程中，他们首先会关注自己与父亲的经历。虽然他们中的大多数人都发现自己的父亲并不是一个合适的榜样，但童年的记忆会使许多经历重新变得历历在目，有些可能是痛苦的，自己的父亲留下的情感伤疤经常会被撕开，因为自己的父亲缺乏关爱，总不在场，甚至可能对孩子不屑一顾。

与前几代人相比，现代父亲更多地参与养育。

对于母亲来说情况也是如此，当她们考虑与自己母亲的关系时，也会马上重温很多童年的经历。

适应型父母的挑战

如果你的内部平衡向亲情倾斜，那么你可能属于适应型的人。这个词根本不是贬义，只是表示你面对与别人的亲情关系时，愿意尽力将自己的自主性往后放。但是，这会对你作为父亲或母亲的角色产生一定的影响：适应型父母对孩子总是很关爱。他们想给孩子最好的，并准备在某些情况下做出很多牺牲。他们愿意为孩子出力，并尽可能地鼓励和支持他。所有这些都是很伟大的能力，孩子可以从中受益匪浅。

但是，这种适应性也可能对亲子关系产生相对不利的影响：一方面，过度适应型父母不容易放开孩子，无法忍受与孩子的分离。比如，孩子一旦进入反抗期，对这样的家长来说可能是一个特殊的挑战。在这个阶段，孩子会尝试强化自己的自主能力和他个人的界限。为此，孩子需要攻击性。有人把这称为"分离攻击性"。反抗其实就是攻击性的一种形式。如果孩子对母亲大吼"走开，你这笨蛋"，适应型母亲比自主型母亲更有可能认为，这怒气是针对自己的，感觉受到了伤害。这给孩子一个信息：我的怒气使我的父母（或一方）难过。如果孩子经常收到这样的信息，他可能会学着以不健康的方式抑制愤怒。他的

第3章
亲情与自主的平衡

攻击性被阻碍了。在大多数情况下，他的过度适应型的父母也是这样的，因为他们曾经从自己的父母那里收到了同样的信息。

父母不应该把孩子的愤怒当成指向自己的，而应将其视为孩子的成长阶段和尝试脱离父母的表达。只有你把生气看作一种正当的感觉，能够很好地应对它，你的孩子才能学会适当地应对自己的愤怒。当然，在孩子成长的过程中，发怒的原因会发生改变。父亲和母亲处理孩子愤怒的方式，会对孩子产生深远的影响。那些能够适当处理这种感觉的人，可以帮助孩子以健康的方式追求自主。如果父母认为孩子的怒气是大逆不道，对此大发雷霆，则会阻碍孩子的自主发展。

当然，孩子不应该毫无节制地发泄自己的怒气，但是家长应该允许他们有这种感觉。

对于适应型父母来说，孩子叛逆地远离他们会违背他们的期望，让他们产生分离焦虑，孩子与众不同的个性也会让他们产生类似的感觉。过度适应型的父母比自主型的父母更难感知并尊重孩子的个性。注重亲情的人渴望亲近。但是，人总是会感到与自己相似的人更亲近——相似性可以减少距离感。换个角度说：彼此不同是在你我之间造成鸿沟的原因。因此，适应型父母可能会给孩子很少的发展个性的空间，有时甚至感觉不到孩子的个性。

恰恰是因为适应型父母与孩子之间的距离如此之近，他们可能会忽略孩子与父母会有不同的角度、不同的需求和不同的特点。

另外，适应型的父母往往小心翼翼地保护孩子。比如，他们会禁止年龄已经不小的孩子独自骑自行车去朋友家,因为他们觉得这样做会很危险。如果父母总是说"要小心"或者"让爸爸妈妈帮你吧",孩子会从这样的句子中听到这样的消息:"我们不相信你一个人能做成"。这当然不是父母的本意。但这正是过度看护可能导致的结果:孩子不信任自己,因为父母让他做得太少。或者换句话说:如果父母都不相信孩子的能力,孩子如何建立对自己能力的信任呢?过一段时间,孩子可能连问也不问他是否可以骑自行车去朋友家了。

此外,适应型的人非常害怕被拒绝,这当然很容易被带到养育之中。对他们而言,有时很难一贯地坚持规则,因为他们不想"得罪"他们的孩子,不想让自己在孩子那里不讨喜。这样一来,他们在养育孩子时就变得难以琢磨——有时候鞋子必须脱在门外,有时候又不必这样做。

适应型父母在外面的世界也想行事"永远正确"。他们担心遭到拒绝和批评,这种担忧有时会传递给他们的后代。当孩子做错事或与他人发生冲突时,他们马上会感到尴尬,这可能导致适应型父母早早就介入孩子的事情。比如,几个孩子在沙坑里抢着玩挖掘机,他们会说:"现在把挖掘机给阳阳玩吧。"这样一来,孩子就学不到如何自己解决小问题,其处理冲突的能力被削弱了。对于大一点儿的孩子,父母会很担心他们在学校表现不好。他们对孩子的学业忧心忡忡:"他跟得上吗?""他足够好吗?"无意间,父母会给孩子施加了太大的压力。孩子对此做出的反应或者是努力学习,满足父母的期望,或者(比如,

第3章
亲情与自主的平衡

在他们进入青春期时）是坚决抵制父母的期望，也就是叛逆。

适应型的人对被接纳、和谐与爱心怀有深切的渴望，他们想在自己的家庭中也践行和体验这些情感。但是，由于害怕被拒绝和失败，他们会导致家庭气氛紧张，还可能导致自己身为父母的定位不清。

自主型父母的挑战

自主型父母的优势在于，他们可以驾驭自己的生活，并相信孩子也可以做到这一点。与适应型父母相比，他们更可能有这样的出发点：每个人都可以靠自己。所以，如果孩子在沙坑里不想搭理别的小朋友，想独自玩耍时，他们会很放松地看待这种情况。

因此，对于高度自主的人来说，进入父亲或母亲的角色，要迈出一大步。大家都知道，一个小孩需要很多关怀和照顾。自主型父母怀疑自己是否可以当好爸爸妈妈，对承担养育子女的责任犹豫不决。这通常不是有意识的过程，而是一种模模糊糊的感觉，觉得与孩子建立亲密关系会很烦心。尤其是婴儿刚刚出生时，需要很多的疼爱和关注，这对自主型父母是巨大的挑战。为了理解这一点，我们需要了解一下这么强的自主性背后的原因。自主型的人在童年时代感到父母爱他们太少或太多。不管是哪种情况，他们成年之后都希望与他人保持一定的安全距离，才感到最舒适。一生中最安全的选择就是不要依赖任何人。生活中突然出现了一个总是要这要那、甩也甩不掉的"小累赘"，这与他们的人生信条是完全背道而驰的。婴儿一会儿要吃奶，一会儿要抱抱，一会儿要换新的尿布，这与自主型的人想要的自我决定的生活产生了很大的差距。

自主型的人有能力尊重和感知到别人的界限，如果孩子哪天离开了他们，他们不会有很大的问题，对他们来说，与人亲近才是更难的。

如果自主型的人不把自己的童年联系在一起进行反思，那他们有了孩子之后，面对新的生活现实，就会感到压抑和沮丧，情况严重时甚至会采取逃避态度。有不少伴侣也因此在孩子出生之后不久就分道扬镳了。通常情况是爸爸离弃了妈妈和孩子，因为他感觉受到了束缚。有的爸爸离开的时候心情沉重，但是对他来说，自主比亲情更重要，他觉得别无选择，只能抛弃家庭，这样才可以减轻亲近和受制于人给他带来的压力。

对于自主型的妈妈来说，她们的出路可能是逃向内心世界。我们的一个来访者直接在第一个孩子出生之后就开始写博士论文，"这对我来说是救命的，否则我受不了。"她每天都花几个小时沉浸在学术研究中，让伴侣来照顾孩子，这样，她能够与孩子保持必要的距离，不用害怕和孩子融为一体，丧失自我。就是以这种方式，她战胜了自己的恐惧。如果妈妈心不在焉，婴儿是可以感觉到的。很小的宝宝就会努力吸引自己的妈妈，他们会寻找目光接触，转向她们，微笑、哭泣或者发出喃喃的声音。如果妈妈内心的冷漠持续较长的时间，像有些患抑郁症的妈妈，那婴儿可能会停止讨妈妈的喜欢。他们会放弃，变得毫无生机,甚至抑郁。我们的这位妈妈找到了一个很好的解决方案,她只会短时间"抽身而去"。她的女儿不会受到伤害,因为在工作之后,她会更加有意识地、全心全意地关注孩子。另外,孩子的爸爸也对孩子十分疼爱,他甚至承担了主要亲情依恋对象的角色。有了这样的安排,妈妈心情舒畅,孩子也得到了良好的照顾。

为人父母可能会触发原本属于童年的感觉:"一切对我来说都太沉重、太束缚了。我无法忍受。"

其实,每个人都可能时不时地需要在内心或在空间和时间上与其他人保持距离。但是,这种需要在自主型的人身上表现得特别明显。所以自主型父母能更好地与稍大一点儿的孩子相处,因为这一阶段父母和孩子的共同生活中有更多的自由空间。比如,如果孩子们去托儿所,父母就可以自由地安排时间了。

自主型父母重新获得的自由越多,就越容易接受与孩子的亲密关系。随着孩子变得更成熟、更自立,家长可以平等对待他们了,也就觉得负担减轻了。我们认识的一位自主型的妈妈曾这样描述她自己的经历:"我觉得我不太会照顾小婴儿,孩子小的时候我觉得压力山大。现在孩子上学了,我一下子放松了,妈妈也当得更好了。"

对于自主型父母来说,能够在亲子关系中得到哪怕片刻的休息,就像呼吸的空气一样重要。

对于自主型父母及其子女来说,通常会在婴儿很小、离不开大人的时候出现真正的困难:孩子通过敏感的触角感觉到,自主型的爸爸妈妈常常"压力山大",这时候小孩子不会认为"我的妈妈/爸爸有自主性的问题",而是认为"我是一个负担"。如果父母继续释放信息,与孩子在一起的生活充满压力,那孩子就会内化一种感觉——"我不值得照顾",最终这种感觉会发展成"我不讨人喜欢"。然后,一些孩子会尽力博得父母的爱。学会说话之后,他们会不断地问:"妈妈,你爱我吗?"而另一些孩子则慢慢习惯了靠自己独立生活。就像童年时代的父母一样,他们学会了这一生只能依靠自己。

与适应型父母一样,自主型父母也不知不觉地为孩子营造了一种相当紧张的氛围。不管父母还是孩子,都觉得自己必须努力。实际上,他们希望得到的是完全相同的东西:一个人人都感觉自由自在的家,所有成员都可以决定自己的生活。

在这里,起关键作用的是自我价值感。那些心态平和的人首先具有良好的自我价值感。他们在内心深处有很坚定的信念:"我本来的样子很好啊。"他们也完全可以接受其他人包括自己的孩子保持自己的本色,他们可以与人亲近,也可以在想独处的时候与人保持距离。也许这听起来像一种非现实的理想状态,因此我们想进一步解释一下,自我价值感与亲情和自主是如何紧密联系在一起的。自我价值感对我们的人生构想、对我们与孩子的关系也发挥着巨大的作用。

也许你现在想知道,在适应与自主之间取得平衡的人,他们的生活是什么样的,他们永远都知道该怎么做吗?他们的孩子会自动地快乐成长、受到完美的养育吗?……

第 4 章

平衡的关键：自我价值感

第4章
平衡的关键：自我价值感

心理学家认为，自我价值感就是对自己的价值的判断：我觉得自己有价值吗？我值得被爱，我值得去要求某些东西或获得成功吗？还是相反——我觉得自己一文不值吗？这是一种主观的和感觉上的评价，每个人都会不由自主地做出自己的判断。正如"自我价值感"一词已经暗示的那样，它意味着我们应该觉得自己有价值，这种对自己的珍视，应该通过一种清晰的感觉扎根于我们心中。也就是说，我们不必花很长时间来思考我们是否还行，我们在心里很明白地知道这一点。

稳定的自我价值感是美满生活的最佳前提。

自我价值感对于我们从小到老的整个人生都会产生重大影响。可以说，这是我们心理的控制中心。自我价值感强的人与自己相处融洽，他们甚至能原谅自己所犯的错误，他们信任自己的能力，从而也信任他人。他们既有适应能力又有主见。换句话说，他们能够在自主和亲情之间保持良好的平衡。

但是这种自我价值感是如何产生的呢？什么可以促进它，什么会阻碍它呢？

镜像自我价值

让我们设想一下婴幼儿的处境：所谓儿童的原始信任是随着父母或其他早期关联人的关爱与关怀发展起来的。这个过程可以被称为"镜像自我价值感知"。

这意味着：我们的父母通过对待我们的方式向我们反映，我们是否值得被照顾。在与父母的接触中，孩子会注意到：他们跟我说话吗？他们看着我吗？他们满怀爱意地抱着我吗？他们把我照顾得很好吗？从父母的爱心中，我们认识到自己的（自我）价值。这种被父母所接受的感觉不仅通过父母的关爱，而且通过父母的面部表情传达给小孩子。心理学有一句话："孩子在妈妈闪闪的目光中体会到自我价值。"如果父母在看着孩子时常常面带微笑，就会直接反映给孩子："我是被爱的！我受欢迎的！我的父母为我感到高兴！"这种自我价值水平作为人生的深层制约因素，我们会终身保有。没有人可以完全不顾周围人的反应。大多数人在感到被接受或有人朝他微笑时会感到高兴，而在遭到拒绝时会感到悲伤、生气或愤怒。

自我价值感的建立

从三岁左右开始，孩子就可以认识到自己是某件事情的制造者。他知道："哦，是我把杯子扔下去的。"如果遭到拒绝，他会认为："我做错了事情。"从这时开始，他有了更强的自我意识，开始会产生羞愧感。如果他做错了什么或受到责备，他会感到不好意思。

羞愧感确保我们的行动服从于社会的禁忌或规则。这听起来很刺耳，但自有其道理。试想一下，如果没有人感到羞愧，那我们的社会会是什么样子？

进化已经安排好了，让我们适应社会。如果我们不会感到羞愧，那么每个人都会做自己想做的事，我们就没法生活在一个较大的社群中。

第4章
平衡的关键：自我价值感

但是，不仅仅是父母之爱可以增强我们的自我价值感，我们的自主能力还可以让我们更加意识到自己的价值，并建立起一种自我价值感。孩子们成功地完成某件事，感受到自己的能力时，会感到自豪和快乐。对他们来说非常重要的一点是，他们体验到自己可以参与塑造人际关系，并不是完全地受制于他人。如果在讨论问题的时候孩子有发言权，他们的需求和感情被认真对待，有时候也能贯彻自己的意志，会对孩子产生很好的影响。因为这样他们可以学到，他们自己可以改变生活，而不是面对生活无能为力。

当你考虑所有这一切时，你可能会注意到，自我价值感的发展在很大程度上取决于亲情与自主之间的良好平衡。这就是为什么在养育孩子的过程中要努力保持这种平衡。一方面，不能给孩子太多的权力，这样我们只能跟着他的指挥棒走；另一方面，也不应强迫他不停地适应我们的需求。

当孩子们感受到，自己本来的样子也能得到父母的喜爱，不必为了得到父母的爱委屈自己，他们的自我价值感会得到增强。当他们感到自己可以有所作为并取得成就时，他们的自我价值感也会增强。

信念：自我价值感的编码

"我很好"这样的信念描述了一种健康的自我价值感。其实，它本身就是一种感觉，并不能用具体或客观的属性加以检验。到目前为止，科学家在人类的大脑中还没有发现代表人的自我价值感的特定区。但是，我们每天、每时每刻都能感到它的存在：我们与他人相比是平起平坐，还是更优越，抑或处于劣势？我们可以信任别人和世界吗？还是我们一直因缺乏信任而备受困扰？所有这些都取决于我们的自我价值感。

　　让我们仔细观察一下我们的自我价值感：我们用信念来描述它最为方便。信念是我们根据自己在世界上的经验，在生活中深深相信的东西。大多数信念起源于我们的童年。比如，如果一个孩子经常受到父母的批评，很少被称赞，那么他很有可能会形成一种信念："我还不够好！"年幼的孩子并不能对父母做出独立的道德判断。也就是说，孩子一般认为父母是好的、正确的。如果父母生孩子的气，那么在孩子看来，这是他自己的错，而不是父母的。如果父亲经常打孩子，孩子就会得出这样的假设："我很糟糕。"这种假设可能成为上层模式，并作为一种程序烙印在孩子的大脑中，变成孩子的一种信念。从小形成的这些信念被我们带入成年生活。我们在上文提到过，人总是带着这样或那样的"眼镜"看待世界，这些"眼镜"也塑造了我们的自我价值感。借助这些信念，我们可以更详细地描述"眼镜"的属性，从而明确我们是怎样看待世界的。

　　举个例子，如果我在自己的内心深处存储了"我一文不值"的信念，那么很明显，我会通过这副"眼镜"感知周围人的行为。如果有人友好地对我微笑，可能会让我感到不安："他是在试图取笑我吗？为什么他傻笑？！"另外，我对自己的感知也强烈地受到这个信念的影响。这里需要强调的是，这些信念能在我内心触发强烈的情感，比如羞愧

第 4 章
平衡的关键：自我价值感

感和卑贱感。为了弥补这些感觉，我可能付出更多的努力来取悦所有人，而且不仅如此，我还会尽力做到完美。我不仅要求自己追求完美，还要求我的孩子也这样做。因为我觉得自己一文不值，所以对我来说，让孩子表现出色、成绩优异更为重要。由此可见，跟自我价值相关的信念以及由此生发的自卑感会对我们的整体养育方式产生巨大影响。

假如我对亲情的渴望经常遭受挫折，那么这种经历就会浓缩为以下的信念："我一文不值！我不重要！没有人爱我！"

每个信念里都有"情感成分"，也就是说，信念往往与强烈的感情联系在一起。由于我们不会质疑信念的真实性，因此我们也认为与之相关的情感是真实和合理的，无须质疑。

如果我认为我不够好，并且遇到被拒绝的情况，我的信念就会被激活。我就会相信，遭到拒绝与我自身的不足有关——与之伴随的情感也都浮现出来：悲伤，感到羞辱，也许还有愤怒或无助。削弱自我价值感的信念会使我们颓丧。

由于我们常常在生命的早期就获得了这些信念，它们深深地扎根在无意识中，所以认清它们并不容易。我们常常"不识庐山真面目"，将其视为真理，甚至让我们的感受去适应它们。这意味着，我们感知的不是正在发生的事情，而是我们所期望的事情。信念因此导致感知的扭曲。或者换句话说，它们指挥着我们的感知。它们可以决定我们将注意力指向何处，或是屏蔽哪些信息。这已经在许多科学实验中得到过证明。比如，如果我深信"我不够好"，那么即使是巨大的外部成功也无法治愈我。甚至在获得无数胜利、通过考试或晋升之后，我仍然在内心深处认为："实际上，我还不够好，但是似乎没有人注意到！"即使是非常成功的人也无法避免这种扭曲的想法，比如，一位"粉丝"无数的歌手在自传中透露，他认为自己不会唱歌。为了掩盖这个事实，他尽可能把舞跳好。

消极信念削弱自我价值

信念最棘手的问题是，它们总是在背后操控我们。通常我们根本注意不到，自我贬低的信念如何决定我们的感觉和行为。原因在于，我们的心里最关心的就是避免心灵的痛苦。为了实现这一目标，我们需要逃避现实。在短期内，这种策略可以帮助我们保持心理稳定。但是从长远来看，避免痛苦的做法通常会导致更大的痛苦，就像维罗妮卡的故事揭示的那样。

母亲把她抚养成人。她三岁时父亲就抛弃了家庭。尽管母亲向她保证，父亲离开与她无关，但这并不能说服孩子。"我一定有什么问题，否则爸爸会照顾我，关怀我"——她小时候的想法大概可以总结如此。但是父亲基本上对维罗妮卡不闻不问。因此，"我不讨人喜欢"的信念已经深深扎根在她心里，并且在她长大以后继续对她产生影响。当她想到父亲时，她的心里会出现悲伤的刺痛感，需要马上转移注意力来消除这种感觉。二十四岁时，维罗妮卡结婚了，之后还生了两个孩子——米里亚姆和阿德里安。她下定决心，两个孩子都应该比她拥有更好的生活，应该在完整的家庭中成长，这也是她否认有任何婚姻危机

第4章
平衡的关键：自我价值感

迹象的原因。结婚十二年后，她的丈夫拉尔夫因为另有新欢，想离开她，她感到非常震惊。在分居期间，维罗妮卡越发努力，想代替消失了的爸爸，尽力不让孩子受到任何负面影响。她的深切愿望是：孩子们应该"无论如何都感到被爱"。当父母分手时，这样的愿望是完全正常的，但是在维罗妮卡那儿，它却盖过了所有其他问题。尽管孩子的爸爸仍然照顾孩子，经常陪伴他们，也无济于事。每天放学后，维罗妮卡都会担心地问每一个孩子："怎么样？我的天使，你还好吗？"现年十二岁的米里亚姆和十岁的阿德里安对妈妈充满焦虑的问话感到不舒服，他们试图让维罗妮卡平静下来。"是的，当然，一切都很好。"为了不让妈妈操心，他们甚至把自己的问题和需求都憋在心里，在她面前越来越沉默寡言。维罗妮卡当然感觉到了孩子在她面前的退缩。她心里的刺痛感又出现了。她很绝望。她做错了什么？她的丈夫跑了，孩子们也不理她了——她可是竭尽全力想为他们建立一个安全、健康的家庭。带着绝望的心情，她向心理治疗师寻求帮助。在治疗中，她回顾了自己的童年时代，并寻找自己的信念。她意识到，她小时候相信的"我不讨人喜欢"这句话如今一直伴随着她。

她与治疗师一起考虑了哪些信念现在对她更有用。维罗妮卡找到了两句使她更加坚强的话。第一句是"我值得爱"，第二句是"我可以信任他人"。当然，维罗妮卡没有立即相信这两句话。旧的信念扎根在她身上，比新的信念要牢固得多。在与治疗师的交流中，她感到新的信念是正确的和真实的，通过训练她也发现，她在生活中已经有过自己值得爱、可以信任别人的经验。但是在日常生活中，她一次又一次地感到，自己很快又对新的信念产生了怀疑，并觉得旧的信念更正确。

这是一种自相矛盾的现象。童年获得的信念阻碍了我们。由于我们多年来已经习惯了与它们相伴，因此我们无法想象，另一种内心的信念才是正确的。

有了新的信念，就好像患有屈光不正的人得到了一副新的眼镜。尽管现在可以看得更清楚了，但需要一定的时间去适应。

因此，维罗妮卡必须先让新的信念扎下根来。最终，她看到了这些信念是完全正确的，她可以戴上新的"眼镜"了。一段时间后，她发现自己不再那么紧张，也不再那么为孩子担心。新的信念"我可以信任"使她跟孩子打交道时也变得更加放松。

维罗妮卡的经历说明了信念是如何发挥作用的，以及它们如何影响我们与孩子的互动。通过她的例子我们还看到，研究自己的信念（尤其是削弱你的自我价值的消极信念），并找到有意识地对待它们的方法真的很值得。因为我们的消极信念会阻碍和困扰我们，也会削弱我们作为父母的自信心。

以下练习可以帮助你找到与自我价值感相关的信念。用第一个冒出来的想法把句子补充完整。不要追求完美。你的更深层次的信念可能渐渐地才会显露出来，特别是扎根于我们内心的最强烈的那些想法——所谓的核心信念——不容易被发现。你可以把它们想象成一棵白菜的菜心，也就是核心信念被外面的许多叶子保护着。你必须把外面的叶子先扒开，才能看到里面的东西。

第 4 章
平衡的关键：自我价值感

因此，我们也鼓励你时不时地再试一次把句子补充完整。阅读完本书后，你可能会想重做一次下面的练习。

内省区：探索消极信念

我们的信念总是这样表达的，比如："我是……""我能……""我不能……""我必须……""我可以……"。

大多数人都带有积极或消极的信念。我们为你汇总了一些常见的积极信念和消极信念。

积极信念：

- 我值得爱。
- 我很有价值。
- 我很重要。
- 我足够好。
- 我可以表达自己的感受。
- 我可以爱。
- 我受欢迎。

消极信念：

- 我不够好。
- 我不值得爱。
- 我绝对不能成为任何人的负担。
- 我不受欢迎。

- 我不允许表现出任何感觉。
- 我一文不值。
- 我并不重要。

通常，消极信念会给我们自己，有时也会给我们孩子的生活造成困难。因此，我们首先来看看它们。为了找到你的消极信念，你首先需要回忆起童年的痛苦经历。（但是，对于本练习，你不必回想最糟糕的经历。先想想那些让你感到不舒服或被误解的情况，这些足够追溯你的信念了。）在你回忆的时候，你可以观察一下自己的内心，看看这些情况触发了你什么样的感觉和想法。通过这种方式你将发现，这些经历让你内心产生了哪些信念。你还可以回想一下成年后的生活中反复出现的"心情不好"或陷入沮丧情绪的情况。哪些信念在起作用？把下面的句子补充完整，不要想太久，尽可能自发地去说。

- 我是……
- 我也是……
- 我不是……
- 我不能……
- 我不应该……
- 我必须……

到现在为止，你可能已经发现了一些消极信念，这些信念在你的生活中起着重要作用。也许你需要让这些发现沉淀一下。但是，请注意不要过于自怜。当我们回忆起小时候的问题时，可能会让人感到难过。如果你感到难过，请给自己一些时间。停止阅读，休息一下，喝杯茶，

第4章
平衡的关键：自我价值感

对自己好一点儿，你虽然经历了这一切，但仍然长大成人，成为一个很棒的人。请记住：此刻，你想探索自己的消极信念，因为它们会阻碍你担任父亲或母亲的角色，并且你想改变它们。

现在问问自己：这些信念对你与孩子的关系有什么影响？它们如何影响你养育孩子？假设你遇到了"我必须一直做乖乖的好孩子"的信念，那么你也可能将其推广到自己的孩子身上，他们也必须做乖乖的好孩子。如果他们违反了这一信念，比如，向邻居伸舌头做鬼脸，你会感到很尴尬。

许多人还秉承以下信念："这是我的错！"通常在这个信念里包含的想法是：我应该为对方或其他人的情绪负责。这对你与孩子的关系意味着什么？你可能觉得对他身上发生的一切负有全部责任，也许你觉得很难在照顾好孩子和照顾好自己之间找到平衡，也许你觉得在抚养孩子时做错了什么或者有可能做错什么而感到内疚，也许你正是因为内疚才买了这本书。

几乎所有父母都感到内疚，你看到这句话可能会感到放心。特别是那些真正关心孩子的、负责任的父母，常常会感到自己做错了什么。这很容易理解。因为我们对为人父母的方面了解得越多，对"好"父母的理解也就越发细致，我们越有可能注意到自己的"错误"。尤其是母亲的角色充满了无法实现的期望。母亲应该永远陪着孩子，否则她就是个坏妈妈；同时，她应该去上班，以便成为孩子的榜样，毕竟，"围着锅台转"并不是个好榜样。简而言之，这些相互矛盾的要求谁都不可能完全达到，内疚感也就随之而来了。如果这时"这是我的错"

的信念在后台也同时发挥作用的话,那么良心受到的谴责就会变得难以忍受。这时只有一种方法可以让你摆脱困境:你必须放弃追求完美,用"我已经尽我所能"的信念代替"我不够好,这是我的错"的信念。

孩子们很能原谅父母。从某些方面看他们很坚强,对他们来说,爸爸妈妈足够好就够了。孩子们可以应付挫折,甚至婴儿也有这种能力。在别人来照顾他们之前,他们可能得哭上一小会儿,这不会对他们造成任何问题。英国心理分析学家和医生唐纳德·温尼科特创造了"足够好的母亲"这一概念,恰恰就是这个意思。我们不必要求自己不犯错误,我们只需要足够好就行了,孩子良好的自我价值感就会发展、成长和壮大。温尼科特甚至认为,正是小小的挫折感使孩子越来越习惯"现实生活",而"足够好"的父母则给了他一切,使他能够应对这个世界。足够好就行了!我们真的不需要更多。

"足够好!"是一句很有用的爸爸妈妈们应该经常念叨的话。我们不必是完美的。足够好就足够了。

你是不是想知道,该怎么做才能成功替换信念?我们首先可以向你保证:替换信念是可能的。诚然,这需要反思,需要一点儿勇气和毅力。但是,你会自己注意到,你的新的、增强自我价值感的信念是真实的,它也将改善你的生活。

积极信念使我们更强

当然,我们在生活中不仅会获得消极信念,还会获得积极信念,也

第4章
平衡的关键：自我价值感

就是对我们有帮助、有助益的信念。除了"我不可爱"之类的消极想法，我们还带有"我能做到"之类的积极信念。这是因为童年时期，我们与不同的人有过不同的经历。维罗妮卡虽然被父亲抛弃，并内化了这样的信念——"我身上有些不讨人喜欢的东西"，但与此同时，她的母亲对她照顾得很好，并在学习上鼓励和支持她。维罗妮卡是个优秀的学生，从母亲那里也得到了很多认可，并因此深化了这一信念："如果我打算做什么，我一定能做到。"

当孩子从父母那里得到家的温暖和亲情，就会产生这样的信念："我值得被爱，我足够好，我有一个安全的地方。"如果他们的自主发展也得到加强，就会产生更多的积极信念。比如，允许他们表达意见，参与决定，或者允许他们好奇地探索周围的环境并追求自己的兴趣爱好，他们就会产生这样的信念："我这个样子就挺好的。我可以发展自我。我可以有所作为"，或者是"我可以做到"。

内省区：我的积极信念

要追踪你的积极信念，请回忆你童年时代的美好时光。给你的记忆下一个搜索命令："展示童年和青年时期的美好、快乐和幸福时刻。"

问问自己：谁让我变得更坚强？我为什么感到骄傲？什么对我有好处？我什么时候很满意？

在回忆的过程中，你可以感觉到自己的内心，并发现这些经历让你心中产生了哪些信念。你也可以回忆成年生活中那些顺心如意的时刻。

在哪些情况下你喜欢为人父母，哪些是你个人的幸福时刻。

这时哪些信念在起作用呢？

- 我是……
- 我为……感到高兴
- 我相信……
- 我可以（擅长）……
- 我喜爱……
- 我可以……
- 我允许自己……

希望到现在为止，你已经找到了一大堆积极的信念。如果你愿意，可以找一个安静的时间大声朗读所有这些内容，并感受它们对你的增强作用。所有积极的信念都会支撑你的自我价值。而且，如果你基本上可以接受本色的自己，那么抚养孩子的过程也不会那么容易偏离航向。

去除消极信念的力量

也许你在阅读本书的时候想：哦，其实我也想用积极的信念替换我的消极信念，这可能吗？可以将一个替换为另一个吗？维罗妮卡反正是做到了。当然，这不是一朝一夕的事，但是她渐渐地摆脱了原来"我不讨人喜欢"的信念，并确立了新的信念"我值得被人爱"。

◇第一步是识别消极信念。

第4章
平衡的关键：自我价值感

◇接下来，去除消极信念的力量，也就是说，我们要对它们表示怀疑。通过这种方式，我们就能夺取这种想法对我们的控制权。只要问问自己："这个信念正确吗？也许它根本不对。"消极信念就会丧失它的负面影响。它不再能简简单单地唤起我们内心的消极情绪，因为我们跟它拉开了距离。在维罗妮卡身上，她的信念曾经让她不断产生负面情绪。当她对此提出质疑时，这种感觉的强度就减弱了。

◇下一步，我们检查一下，信念是如何影响我们的。我们问自己：这句话如何影响了我的生活？这有助于弄清楚信念如何干预我们的生活。通过这个问题维罗妮卡发现，她的信念不仅在她的心里引起疼痛的感觉，而且使她与孩子的关系也蒙上了一层阴影。

因为她甚至怀疑自己的孩子——"他们可能不喜欢我"，这样的想法当然不是一个有意识的决定，但是核心信念经常会影响你与他人的关系。正是我们最亲近的人可能会感受到我们童年的消极影响。如果我们意识到这一点，就会获得动力，摆脱这种信念。

◇最后，我们将消极信念转变成积极信念，然后再想一想，如果戴上积极信念的"眼镜"，我们的生活将会如何改变。在维罗妮卡身上，"我不值得爱"的信念变成了"我值得爱"。有时这样的向积极方面的扭转很容易，有时候也有点儿棘手。我们看一看苏珊娜的例子。她以前总听父亲对她说："你太傻了，傻得在雪里都尿不出坑来。"她由此产生了一种信念："我太傻了。"在这种情况下，应该考虑考虑，新的信念该是什么？应该是"我很聪明"还是"生活中我完全应付得来"？

我们建议你多打磨打磨新的信念，直到你觉得它听起来很顺耳，跟你很合适。请你不断揣摩如何表达这一积极信念，直到新的信念听起来对你很有吸引力为止。

◇你想自己尝试一下吗？最好的办法是以书面形式回答下面"内省区"的问题。因为写下来也是一种与信念保持距离的方式。

内省区：去除消极信念的力量

请说出你想质疑的信念并将其写下来，然后回答以下问题：
- 按从 0 到 10 的等级，你认为这种信念有多真实？
- 什么能说明它是真实的？有哪些考虑因素？有哪些证据？
- 什么能说明它是不真实的？有哪些考虑因素？有哪些证据？
- 这种信念如何影响你的生活？它是如何发挥作用的？它如何影响你的养育方式？
- 如果你放弃这一信念，将会发生什么变化？你的生活会怎样？你与孩子的关系会发生什么变化？
- 如果你将其扭转为积极信念，那这个积极信念是什么？
- 如果新的（被扭转的）信念是正确的，你的生活将如何改变？

你能以这种批判的方式处理消极信念，就已经消除了它们的部分力量。你将看到：即使你仍在怀疑自己的消极信念能否简单地转变为积极信念，你也会感受到这种练习的治愈效果。

在阅读上面几页内容时，你肯定再一次清楚地认识到，信念如何

第4章
平衡的关键：自我价值感

对我们看待自己和孩子的态度产生深远的影响，从而影响甚至左右我们的养育方式。好在信念并不总是统治着我们，而是在某些情况下会激发某种反应。我们孩子的行为经常是导火索，可能因为他们太吵闹，太调皮，脸皮太厚，也可能因为他们太安静，太激动或太不爱说话。形象地讲，孩子会"按下我们的按钮"，让信念的自动系统开始运转。

孩子"按下了我们的按钮"

自我价值感对我们的情感和世界观具有决定性的影响，它的状态和稳定性取决于我们如何在亲情和自主之间取得平衡。要想清楚地认识自我价值感，可以先观察自己的信念。比如，父母为孩子提供了足够的家的温暖，同时也允许他张开自己的翅膀，这样孩子就形成了这样的信念："我本来的样子就挺好。"如果他长大了并有了自己的孩子，通过这种信念产生的自我价值感仍然存在。这样坚强的父母不容易让他们的孩子搞乱方寸。他们面对孩子时情感上是稳定的。父母每天都需要稳定的情感，尤其是在充满挑战的情况下。比如，四岁的孩子因为还想要一个冰激凌而坐在超市收银台前的地上大喊大叫时，他们可以保持镇定，不会羞愧得无地自容。他们知道，我的孩子正在练习如何走自己的路。现在的情况很糟糕，但这不是对我的攻击，也不能表明我是个坏妈妈/爸爸。甚至当十五岁的儿子对父母的外表发表评论说"瞧你的大肚皮，看起来真恶心"时，自信的父母也可以镇定自若，因为这句话并不能立即引发潜在的自我怀疑，他们可以看到这些话的真正含义：成长中的孩子在探索自己的界限。

如果孩子没有从父母那里得到足够的温暖，他的自主需求也没有得到足够的重视，那养育就会起到相反的效果。孩子可能会发展出这样的信念："我还不够好。"等这样的孩子为人父母时，如果遇到小朋友撒泼打滚儿，或青少年言语不敬，说"你们这些老家伙又丑又过时"，恐怕他们真会不知所措。

我们的内心会因为孩子举止不当而难过，还是会让孩子的贬损像荷叶上的水滴一样不留痕迹？这主要取决于我们的信念。

如果我们的自我价值感是由"我不够好"的信念决定的，那这就不只是一个念头了，因为这句话通常还会引发自卑、羞愧和不安的情绪。如果孩子因为不满和反抗而哭喊，就会触发我们的信念——"我还不够好"。幸运的是，我们不会一直感到消极信念的存在，只有某些情况或想法才会激活它们，比如，孩子没有按照我们的要求做事情。

我们举一个日常生活中的例子：亚历山大与他五岁的儿子尤里乌斯不断进行权力斗争，无论是起床、刷牙、进食还是上床睡觉。特别让他感到难受的是，当尤里乌斯不断地顶撞他，不听他的话时，亚历山大经常感到无助。他感觉自己是个失败的父亲。亚历山大怀揣的信念是："我不重要""没人理睬我"和"我还不够好"。很容易想象，他的儿子通过挑衅行为一次又一次地触发了这一点。也就是说，亚历山大将孩子的挑衅行为与自己联系起来，他觉得是针对他个人的。每当尤里乌斯反抗他的权威时，亚历山大便立即开始怀疑自己。由于他自我贬低的想法，他变得更不自信，于是他很快就失去了理智，并向

第4章
平衡的关键：自我价值感

尤里乌斯大吼大叫，而尤里乌斯的叛逆反应也随之加码，这样就形成了一个恶性循环。如果亚历山大多一点儿自信，他可以更从容地接受儿子的行为，并认为这是儿子坚强意志的表达，这样他就不会陷入权力斗争之中。

我们通过信念的"眼镜"来诠释世界以及我们所经历的各种情况。以亚历山大和尤里乌斯为例：如果孩子不听话，父亲的解释不是"尤里乌斯没有兴趣"或"他有强烈的意愿"或"他正在反抗期"，而是"我不是一个好父亲"。这个想法让亚历山大难以自拔，然后做出这样的反应：感觉自己受到了伤害，大发雷霆。他对孩子大吼："该死！穿上你的睡衣吧。"这震耳欲聋的咆哮把尤里乌斯吓得哆嗦了一下，哭了起来。事后回想起来，亚历山大觉得很难过。

导致问题出现的不是事件本身，而是我们对事件的解读。

除了愤怒之外，信念还会引发恐惧。玛雅的例子说明了这一点。她认为自己不能自立，她的信念是："我被抛弃了。我独自一人。"她三岁的儿子莱昂使她感觉安全，他是她抵御所谓邪恶世界的保护墙。莱昂总有一天要上幼儿园，这一想法使她感到不舒服。她通过童年的信念"眼镜"看待儿子即将上幼儿园这件事，感到非常痛苦，因为她觉得："我被抛弃了。我孤苦伶仃。"而且玛雅并没有直面这种"遗弃恐惧"，而是找各种各样的理由来证明：莱昂最好先不要上幼儿园。她透过信念的"眼镜"看到了某些情况——"这个幼儿园声誉不好"，"莱昂太弱了"，等等。

孩子会触碰我们的自我价值信念，从而激发我们的感觉。有时，这些情绪非常强烈。可以说，孩子在我们的伤口上撒了盐。你可以通过以下练习找出来哪些信念给你造成养育方面的困难。

内省区：仔细考察困难情况

在做这个练习之前请你先回忆一下，你在哪个养育情境中出现过情感问题，感到过愤怒、恐惧、羞愧、内疚或者悲伤？通常是我们面对孩子做出过度反应的时刻，有时甚至反应如此强烈，以至于我们事后会为此感到难过。

以下五个问题将帮助你看清某些养育情况。我们将以卡罗琳娜为例，向你展示如何回答下面的问题。卡罗琳娜有两个正在上小学的孩子，分别为十二岁和八岁。下午放学回家时，他们在走廊里卸下书包，鞋子和外套也总是随便一扔。每当他们两个不小心将鞋子、外套和书包扔得满地时，卡罗琳娜就会大发雷霆。"我不是你们的清洁工！"她对孩子们大喊大叫，然后叹着气把东西收拾好。

● 情况描述：发生了什么事？是什么触发了这个情景？

这里请写下长期困扰你的养育情形。比如，卡罗琳娜此时会写道："因为孩子们把东西扔在走廊上，我又发脾气了。"

● 对情况的解释：这种情况激发了哪些信念或想法？

哪些信念对你来说在后台发挥着作用？卡罗琳娜经过思考找出了

第4章
平衡的关键：自我价值感

以下信念："我的孩子不尊重人""没人理睬我"和"我一文不值"。

● 感觉：在这种情况下，我有什么感觉？

你的主要感受是什么？卡罗琳娜意识到她起初很生气，然后又为自己发脾气感到羞愧。感受是愤怒和羞愧。

● 行为：我做了什么？

你对此有何具体的反应？卡罗琳娜表示："首先我对孩子们大吼大叫，然后我把鞋子、外套和书包放好，而孩子们早已钻进他们自己房间里了。"

● 启发式解决方案：假设你的信念和感觉没有被触发，你可以保持镇定，那么会出现什么解决方案呢？

如果你重新观察一下当时的情景，不要戴着你的信念"眼镜"，那你会有什么想法和行动的可能性？卡罗琳娜意识到自己有两种选择：要么在不生气的情况下替孩子们收拾，心里想着："孩子就是这样。"或者她平静地与他们讨论，走廊里整整齐齐对她来说确实很重要。她可以与孩子们一起考虑如何实现这一目标。做一个计划？写一张带有温馨提示的字条？发明一个仪式？甚至卡罗琳娜可以向孩子们宣布，谁放学后把东西放整齐，并能坚持一周，就会得到妈妈的奖励。

也许你现在在想："我已经尝试了所有方法，但是都没有用。"我们仍然希望能鼓励你坚持下去。改变需要时间。也许你过去曾多次尝试过改变某些事情，但是，如果你最终透过消极信念的"眼镜"来评价自己的成功或失败，那么你可能会感到沮丧或失望。

根据我们的经验，由信念引发的情绪特别有影响力。如果卡罗琳娜可以带着好心情来帮孩子收拾，那也不是什么坏事，至少她不用发脾气了。因此，根本的变化是，卡罗琳娜不再受到孩子行为的困扰。她可以更加冷静地、更加自信地应对局面。通常，仅此改变就可以创造奇迹。

新想法不可能都是马到成功，但是只要我们改变了内心的态度，有了不同的感受，我们就能更容易地接受这种情况。对我们和孩子们来说，旧习难改也很正常。卡罗琳娜跟两个孩子进行了很严肃的谈话，之后他们决定，每天回家时进行五分钟的快速清洁。后来，新办法仅仅坚持了两天就被抛诸脑后，走廊里又恢复了原样。

这里有一个陷阱：如果新方法不能立即奏效，我们的信念将再次被激发！现在，卡罗琳娜可能会想："当然，我就是个清洁工。"在失败之后，我们可能像卡罗琳娜一样跌回到我们童年的信念之中。我们会想："看看，这没用。所以我一文不值。大家对我视而不见，即使我这么努力，这就是证明……"

这个时候你一定要坚持。你一定要当场抓住自己。想一想自己应该做什么，才不会被挫折或失败打倒。比如，你可以给自己四个星期的时间，坚持自己的新行为，而不是放弃。你将看到：花费一点儿时间，再多一点儿坚持，就会发生很多变化。

到现在为止，你可能已经发现了一些消极的信念，在某些情况下，

第 4 章
平衡的关键：自我价值感

这些消极的信念可能导致你对孩子在情绪上反应过度。如果你密切关注这些信念，那么当你的信念系统再次被"触发"时，你可以及时当场抓住自己。然后你就能够收敛自己的情绪，并对孩子做出适当的反应。

题外话："我真想揍孩子"

我们思考了很长时间是否应该讨论这个微妙而复杂的话题。毕竟大人由于冲动而打孩子的情况比我们估计的更常见。不少父母告诉我们，虽然他们不想打孩子，但还是对孩子动过手。他们讲述的时候犹犹豫豫，对自己的行为感到羞愧。因此我们觉得打开这个禁忌话题显得更加重要。

哪些过程会诱使父母举手打孩子？只有当我们了解打人背后的原因时，我们才能制止这种行为。因为打孩子永远都不是好事，永远不是。

"打孩子"历史已久

在过去的一两个世纪中，体罚作为一种教育手段十分普遍。某些教育理论里充斥着这样的说法：成年人可以通过一切手段巩固自己作为决定者的优越地位。"你马上按我说的做，否则等着瞧。"家长和孩子之间是清清楚楚的上下级关系。不听话的孩子可遭罪了。

在传统的养育方式中，成年人发号施令，孩子只能照着做。在家或在学校打孩子的情况并不少见。打孩子是一种正常且得到社会认可的教育实践。多年以来，父母一直被赋予所谓的训诫权。几十年来，挨揍一直是儿童生活的一部分。我们的祖父母、曾祖父母和曾曾曾祖父母很可能都遭到过父母或老师的揍。

谢天谢地，时代变了。在我们现在生活的社会里，人们一致认为不应该殴打儿童。法律里相关的规定也为此提供了法律依据。尽管如此，对儿童的暴力和暴力威胁仍然很常见。有人估计，每个教室里就有两个受过虐待的孩子。

虐待是如何发生的？

父母为什么会打孩子？他们到底是怎么想的？在经常打孩子的父母中，不少人自己曾是父母暴力的受害者。父母这个榜样——即使他们不愿意——会在他们身上留下印记，即使成年以后内心里也无法摆脱这些印记。在孩子的眼中，父母的行为总是正确的，因为他们视野有限，无法对父母做出独立的道德判断。另外，从心理上讲，他们必须将父母视为"好且正确"的，否则，他们会觉得自己孤零零地面对世界，被恐惧所淹没。

但是，如果父母打孩子，他们自己就是孩子在这个世界上最大的危险源，那么孩子必须在内心完全压抑这些可怕的经历，以免陷入恐慌，迷失方向。

第4章
平衡的关键：自我价值感

通过这样的小花招，孩子的小心灵可以确保自己眼中的父母仍然是好父母。为了生存，他们需要父母，就像其他所有人一样。

小孩子总是认同自己的父母——他们高大、有力，孩子觉得与他们亲密无间，不会对此产生任何怀疑。通常孩子都爱父母，即使挨父母的打，他们的爱也不会消失，而是会变成盲目的依赖。在内心深处，他们感到自己无能为力。这是一种非常不舒服的感觉。因此，孩子会尽一切可能讨父母的欢心，以防止再次挨打。他们希望以这样的方法摆脱自己的无助感，并努力朝对自己有利的方向来影响与父母的关系。每次父母的暴力行为都会进一步刺激他们，使他们与父母的关系变得非常牢固，但这种关系并不良好。最终，会发生自相矛盾的情况，父母施暴的孩子不仅认同他们，而且把他们理想化，比如，掩盖暴力父亲的阴暗面，他们别无选择，必须认同抚养他们长大的人。

但是，当孩子自己成为父母时，在这种不愉快的关系中学到的东西，会很容易使他们也成为施暴者。如果挨打意味着无助，那么打人就意味着拥有权力。因此，孩子会在自己的经验中存储起来：有实力的人是身体上更强壮的人。如果这些经验以后没有得到反思，那么受虐待的儿童在成长为青少年和成年人之后，可能会发展出很高的权力动机，并且可能会有暴力倾向。

有相当多的人在长大之后仍然认同父母，而没有对自己的童年经历提出过质疑。他们觉得自己忠于父母，不管曾经发生过什么，他们都不会对自己承认自己的童年很糟糕。他们可能心怀恐惧，害怕创伤性的回忆会压垮他们。有些人根本不再回忆起自己的童年。他们在很小的时候，就已经学会了囚禁自己的某些情感，以忍受家里的情况。恐惧、被遗弃和无能为力，这些感觉太强烈了，他们不允许自己触碰这些。

此过程也称为封闭。情感被封闭了，感觉不到伤害了，是受害者能够生存下去的保障。

这就是所谓的自我保护机制。在儿童时期，这种自我保护是一种生存策略。但是这些经历在最深层次影响着我们的大脑，如果我们不去反思它们，我们就会把这种世界观带入我们的成年生活。如果一个曾经经历过暴力的成年人不反思自己的过去，那么童年的印记会牢牢地附着在他的身上。

在心理学中，我们将这些负面烙印称为"阴影小孩"，指的是我们的人格中装载着童年时期的伤害、忽略和暴力经历的那一部分。阴影小孩的存在，在我们的消极信念中表现得最为清楚。

小时候经历过暴力的人心中会形成一个阴影小孩，这个"孩子"通常是情感分裂而来的。这些人在童年时期必须不断抵御负面情绪，才能生存下来——我们成年人也未尝不是如此。但对每个人来说，自己的感觉都是共情的前提。如果不能（顺利地）接触自己的恐惧、悲伤或无助，那也无法对自己孩子的感觉感同身受。因此，感情封闭会导致强烈的粗暴性格和情感盲区，会使人长大后变得无情，成为施暴者。但施暴者的阴影小孩都有一个重要的、无意识的动机，那就是再也不要感到羞辱和无助，就像在自己父母那里经历到的一样。

我们在这里举个例子：马可是三岁的吉米的父亲。马可小时候被父

第4章
平衡的关键：自我价值感

亲严重虐待，母亲没有干预。马可从来没有承认过发生在他身上的不公。直到今天，他仍然很钦佩"强大"的父亲，从未反思过他的童年以及童年对自己情感经历的影响。一方面，他的父亲不知不觉地为他树立了榜样；另一方面，马可内心里携带着一个备受屈辱的阴影小孩，他再也不想有童年那样的感觉了。那时候他父亲在晚餐时经常会勃然大怒，只要他觉得孩子们做错了什么，哪怕只是把叉子弄得响声大了一点儿，也会对他们一通暴揍。所以马可像他父亲一样，在不知不觉中形成了很高的权力动机。无论如何，必须他说了算。他已经下定决心，再也不要成为无助的受害者。

但是现在，他总是和每个孩子，包括吉米，发生权力斗争。每当儿子不敬地盯着他，并对他的指示不加听从时，马可就会立刻怒火中烧：这个孩子不尊敬我。正是因为马可小时候没有受到过父亲的尊重，所以当他感到有人质疑他的权力地位时，他总是非常敏感地做出反应。他儿子挑衅的表情在几秒钟内就会触发他的阴影小孩——他就会生气，打孩子。

这个虐待儿童的例子说明了童年受侮辱和虐待的受害者，成年之后如何变成施虐者。

因此，对自己受到的影响和自己的阴影小孩进行反思是非常重要的，特别是在涉及暴力时。如果这样做，你将大概率不会将负面的经历传递给孩子，而是以充满爱与尊重的态度对待他们。

充满爱心的父母也有手滑的时候

除了严重虐待儿童的情况外,父母还会像大家常说的那样有"手滑"的时候。约翰娜曾给我们讲过:"我只打过一次儿子。我站在厨房里,我们在争论谁来洗碗。他对我说了一些气人的话,我给了他一个耳光。事后我感到非常难受,并向他一再道歉,真是太可怕了。"在我们与父母的谈话中,很多人都承认打过孩子。尽管如此,大家对此并没有好好讨论过。父母们都知道这是违法的,是错误的,大多数人都会因手滑而感到羞愧。但是为什么还是会发生这种情况呢?

在我们的例子中,具体是这样的:从小开始,约翰娜就一直怀有消极的信念:"我要一直很可爱很听话,否则没有人会爱我。"即使到了成年,她仍然避免冲突和争执,担心遭到拒绝。她想让八岁的儿子和丈夫做一些家务,但并不太敢要求他们帮忙。结果那一天她就爆发了。她多年来总是去适应别人,现在儿子的一句话勾起了她积累起来的所有挫败感。这并不是一个自觉的过程,但她突然感到再不能这样下去了,于是产生了一个坚定的想法:"现在我必须坚持自己,否则我就完了!"很长时间以来,她一直遵循自己的阴影小孩的信念。她的儿子是这场"内心爆炸"的不自觉的触发者,也成了"替罪羊",代替了所有约翰娜想反对或想对他们直接表达意见的人。她打了自己的儿子。儿子其实对此无能为力,他只不过是按了那个按钮。

充满爱心的父母有时也会采取这种极端手段,怎么会发生这样的事情呢? 大多数情况下,是孩子按下了某个按钮。他说了或做了一些触

第4章
平衡的关键：自我价值感

发消极信念的事情。

如果约翰娜希望将来避免这种过度反应，那么她应该密切注意自己的感受。事实是，她根本没有注意到那些对自己内在界限的小冒犯，而是把它们抛诸脑后了。当她的怒气超过某个阈值时，她才注意到这种情况，但那时通常为时已晚。我们想要在这里提醒大家，生气、愤怒是赋予我们力量的感觉，愤怒让我们克服恐惧，在它的帮助下，我们可以捍卫我们的界限，必要时甚至可以捍卫我们的生命。希望避免冲突的人总是害怕，他们担心会遭到拒绝——甚至面对自己的孩子也是如此，所以他们必须发怒以克服这种恐惧。这时候他们一下子变成了自己的反面，由于某些鸡毛蒜皮的小事就大发雷霆起来。因此，重要的是，约翰娜必须认真地感知自己的情绪和她的阴影小孩，以便及时识别出到底是什么事情让她不满。她越早发现自己的不满，就越能做出适当的反应。

给父母的急救手册

如果你有可能要打孩子，那么这很明显地表明你不堪重负，你需要尽快地减轻自己的负担。以下措施可以为你提供帮助。

◇紧急援助：在这种情况下你最好马上脱身，离开房间。如果你的孩子还很小，不能无人看管，请将他们放在婴儿床或其他安全的地方——如果你可以在不发怒的情况下做到这一点的话。然后尝试通过运动使自己平静下来。你可以摇晃自己的身体，抖动胳膊、手和腿，把怒气甩出去。

◇通过呼吸调节情绪：吸气时一定要深呼吸，并在呼气时呼出所有空气。即使你感觉没有更多的空气可以呼出去了，也要从肺部挤出最后一点儿空气。把接下来的三到四口气变成自然而然的呼吸。然后你再按照上面的方法深呼吸一口气。用这种方法加深、放慢呼吸可以给我们的大脑一个信号——没有需要激动的原因。那些缓慢而深呼吸的人通常很放松。在大脑中，我们的呼吸模式和感觉之间存在着联系：平静地呼吸带来平静的感觉。我们利用这一点，有意识地深呼吸和平静地呼吸，平静的感觉会随之而来。你应该尝试一下。

最好在不生气时练习这种能使人平静的呼吸方式，这样你可以在紧急情况下更轻松地使用它。

◇进一步的措施：事后回想一下，到底是什么刺激或触发了你。好好反思一下。想一想：当我如此生气时，我对孩子有什么看法？哪个信念被激活了？

你是不是很在意孩子是不是尊重你？你有时候会等很长时间才表达你的不满吗？考虑一下如何在不冒犯别人的情况下指出自己的界限，你具体应该说什么或做什么？

与你的伴侣谈谈这种经历，一起考虑如何减轻自己的负担。双方可以进行分工。一方可能会觉得与孩子一起去购物很烦心，更愿意陪孩子去看病，另一方可能正好相反。双方应该交流一下，与孩子在一起时，哪种情形会让你们觉得特别紧张。是不是需要对方来帮助？单亲父母可以跟孩子身边的其他人谈谈这个问题，也许爷爷奶奶或朋友可以帮

第4章
平衡的关键：自我价值感

忙。我们建议遇到这种情况的所有父母尽快找人来支持你们。

孩子映射我们的自我价值感

我们的自我价值感是在与自己的父母接触时发展起来的。父母通过对我们微笑，或者——在坏的情况下——对我们做出不确定的或消极的反应来反映这一点。这种条件反射我们终生都会保留。在人际关系中，我们通常会注意别人对我们的反应。有人在对我们微笑吗？看到我们时他会抬起眉毛吗？如果小时候没有体验到自己被爱，那么成年后，我们就会对可能发生的贬低和攻击过度敏感。

以亚历山大和尤里乌斯为例，亚历山大觉得自己的自我价值感受到威胁，因为"孩子显然向他反映出他不值得被尊敬"。对于亚历山大来说，重要的是他要了解这种机制，使自己清楚地知道，孩子的行为与他作为父亲和人的价值无关。他不应该误以为，儿子的行为是对他这个父亲的价值的反应。按理说亚历山大应该知道，尤里乌斯正处于反抗期，因此会有些叛逆。但由于他从小无法建立稳定的自我价值感，因此非常敏感，总感到自己不受尊重。如果尤里乌斯没有立即服从他的指令，亚历山大就会得出结论："尤里乌斯不听话，所以我是一个糟糕的父亲，一文不值。"这个想法的产生只在转瞬之间，往往下意识地不期而至，但会激起强烈的情感，甚至是怒气和暴力。这种情况一次又一次地在他与儿子打交道时出现。

如果他想打破这种不利的自动联想，他就得中断"尤里乌斯不听话"和"我是一个糟糕的父亲，一文不值"之间的联系。当孩子威胁我们的自我价值感时，就像尤里乌斯对亚历山大所做的那样，他们就按下了我们的自我价值按钮。如果我们有意识地重新审视当时的冲突，并且不再将孩子的行为视为"自我价值的镜像"，我们就可以切断按钮的电源。亚历山大也许应该与尤里乌斯一起分析当时的情况，然后通过以下练习有意识地将自己从自我价值镜像中移开。

如果一个人的自我价值感比较弱，那他总是会注意自己是否受欢迎，是否受到尊重。自我价值的镜像在有些父母的眼里很重要，因为他们的自我价值感取决于孩子的反应。

内省区：摆脱自我价值镜像

也许在读到我们对亚历山大和尤里乌斯的评论时，你曾想过，孩子的行为是不是会让你突然感到不自信，甚至怀疑自己？如果出现这种情况，可能是你将孩子的行为与自己过度地联系在一起。在以下步骤的帮助下，你可以走出自我价值镜像。以亚历山大为例，我们将向你展示如何进行练习。

1.你可以想象你和孩子之间有一堵透明的墙。你虽然可以看到他，但是你们俩在被玻璃墙隔开的两个房间中。这会帮你产生一些距离感，并有助于你不会将孩子的行为与自己直接联系起来。

第4章
平衡的关键：自我价值感

亚历山大想象着，一块有机玻璃从地板里长出来，隔在他和尤里乌斯之间，就像车窗一样。当玻璃完全合上之后，他深吸了一口气。

2. 承担起自己对发生这种情况的责任。你应该明白，你如此激动或生气，并不是孩子的错。通过这一步骤，你可以摆脱负面情绪，并和你内心那个理智的成年人对话。人必须成年才能对自己以及自己的行为负责。

亚历山大在内心里对自己说："我为自己的愤怒负责。我感到尤里乌斯伤害了我。这不是他的错。这种伤害是我加给自己的，我让他的行为触发了我的消极信念，并激活了我的阴影小孩，然后感觉好像尤里乌斯不尊重我。"

3. 冷静地思考你的孩子的行为是否真的能说明你的价值（作为父亲/母亲/个人）。

直到现在，亚历山大才记起来，他与尤里乌斯的关系经常有良好的一面。这对我们的记忆来说十分典型。我们很激动的时候，只能想到能证实我们的情绪的事情，对于亚历山大来说就是愤怒。通过想象中的玻璃墙造成的距离感，他意识到尤里乌斯的举止与他无关。他还觉得自己是个好父亲。

4. 试着去了解你的孩子的情况，他要传达给你的信息是什么？当亚历山大设身处地地站在尤里乌斯的角度思考时，他意识到，尤里乌斯已经处于反抗期，所以他更经常地与家长唱反调或不听家长的话，这是很正常的。他认为这是孩子成长道路上的重要一步——他第一次感到有些骄傲，儿子已经这么大了，第一阶段的叛逆开始了。他还意识到，尤里乌斯想以某种方式来跟他较量，他坚持己见并没有错，只是不应该感到自我价值受到伤害而心怀怒气，而是应该做一个负责任的父亲，不要被怒气所左右。

　　试着以后再也不要让自我价值感与孩子的行为挂钩，你会感觉如释重负，争吵也不会那么快地升级了。

第5章

阴影小孩、阳光小孩和内在成人

第5章
阴影小孩，阳光小孩和内在成人

在前几章中，很多内容是关于童年的烙印以及它们如何影响我们成年后的生活。小时候拥有的所有经验都牢牢地扎根在我们身上，是我们人格的一部分。但是，我们常常并不了解这些早期的烙印，把它们作为一种"心理程序"带入了成年生活。

心理学用一个形象来描述这种内部程序——内在小孩。我们每个人都有一个内在小孩，这个孩子在很大程度上决定着我们的思维、感觉和行为。它代表了我们的信念，以及随着这些信念而来的感受。我们在自主和亲情方面倾向如何，也要看这个内在小孩的人格如何，因为这也与童年的烙印有关。

内在小孩的形象向我们展示了，尽管我们早已成年，但不一定活得像成年人一样。或者即使我们是成年人，也没有完全摆脱我们的童年。要了解这一点，你可以将我们的心理想象成一栋有好几家住户的房子——不同的住户代表着不同的人格部分——其中之一是内在小孩。

我们六岁之前的岁月对于我们的性格塑尤其重要。

在对内在小孩的描述中，我们还划分了阴影小孩和阳光小孩这两种人格成分。阴影小孩是有问题的童年烙印的隐喻，而阳光小孩则代表积极的烙印，以及我们今天作为成年人所能获得的积极信念。毕竟，我们现在长大了，不再依赖父母，我们有能力积累新的和好的经验，并让它们固着在我们身上，这样阳光小孩就得到了加强。阳光小孩代表着我们身上所有的积极力量，比如，好奇心、自发性、生之快乐、创造力、享受的喜悦、对行动的渴望等等。我们在下文中要谈到的阴影小孩，则是指由消极信念所塑造的那部分人格，总是渴望过多的亲情或过多的自主。而阳光小孩指的是你的潜力，以及你性格中坚强、开朗的部分。

我们所说的人格，还有一部分是内在成人，在心理学上通常也被称为成年自我，也就是能够进行逻辑思维的理性。成年的自我可以冷静而中立地思考，它不是由感情驱动的。从成年自我出发，我们可以冷静而清醒地权衡，在哪种情况下哪种行动才真正有意义。成年自我还包含着思考我们自己的能力，也就是说，从俯视的角度来看我们自己。

如果你愿意踏上"内省区"，那你应该先带着自己的成年自我来做这件事，因为只有通过理性的清晰思考才能反思自己。你内心的成年人会说："我现在安安静静地来端详一下自己。我不喜欢现在的情况。实际上我想更轻松、更自信地抚养我的孩子，并在日常家庭生活中体验更多的快乐。"

在成年自我的帮助下，我们也可以有意识地触碰自己的消极信念，而不会立即陷入恐惧或自卑感。我们可以从它的角度观察我们的阴影小孩，并更好地了解它。我们可以看到其中包含哪些消极信念，以及这些消极信念如何影响我们的看法和行为。这样，我们可以学会更有意识地应对阴影小孩。然后，我们就能够自觉地选择以新的方式与孩子打交道，并开始尝试这种新的行为方式。

我们想用一个例子说明，这样做会给你的日常生活带来什么样的改变：伊丽莎白被自己的失败和恐惧所控制，总是逼着女儿取得最好成绩。在她没有意识到的情况下，阴影小孩就对她发挥了作用。在成年自我

第5章
阴影小孩，阳光小孩和内在成人

的帮助下，她才开始质疑自己的行为。伊丽莎白注意到，实际上是自己的阴影小孩在驱使女儿。直到现在，她才开始仔细观察孩子的真正需求，并改变自己的行为。

认识我们的阴影小孩是第一步，然后才能更好地控制消极信念，在人际关系和与养育方面做出新的、更好的决定。

现在的关键是认识自己的阴影小孩。往这个方向迈出的第一步是：你必须当场抓住自己！

当场抓住自己！

"当场抓住自己！"这个要求乍一看可能很奇怪。但是，如果我们想了解自己和我们作为父母的行为，这一点很关键。在日常生活的锅碗瓢盆交响曲中，我们可能经常意识不到自己正在干什么，而是本能地做出反应，责骂孩子。我们不会再仔细考虑一下："我做得对吗？我真的是想责骂他吗？"而是会从当时的情境出发，做出即时的反应。或者换一种说法：我们会陷入现场视角。

当我们身陷某一情境时，我们总是会采用这样的视角：我们就像坐井观天，跳不出框框。

与此形成对比的是观察者视角。它使我们能够从外面拉开一点儿距离看自己。如果我是观察者，我就能看到自己，而不会被自己的情绪所困。观察者视角大致等同于我们的成年自我，因为这里只有清晰的理性。只有从这样的角度，我们才能评估当前的情况，知道现在演的是哪出戏。亚历山大因为儿子不听话而感到自己是个失败的父亲。从观察者的视角他才看出，他实际上是卷入了与儿子的权力斗争。从现场视角他是看不到这一点的，因为在那里他只会按照熟悉的信念模式做出反应。

现场视角

现场视角本身并没有错。大家熟知的箴言"活在当下"说的就是这个意思。我们需要现场视角，以便尽情享受美好的时刻。让我们想象自己和孩子坐在冰激凌店里。从现场视角来看，我们可以沉浸其中——尝到舌尖上甜美的冰激凌，感受到皮肤上阳光的温暖，听到孩子们的笑声，内心的阳光小孩可谓心满意足。在这里，观察者视角甚至会破坏气氛，干扰我们阳光小孩的感觉。因为当我们从外面看到自己坐在冰激凌店里，问自己这样做对不对时，这种享受就被破坏了。一旦我们从外面看到自己，我们就不会带着在场感了。因此，要想感受美好的经历，最好是从现场视角。

观察者视角

如果情况不那么美好，比如争吵、感到威胁或陷入困境时，我们最好采取观察者的视角，并问自己："我在做什么？"因为只有从观察者视角，即从成年自我的视角出发，我们才能当场抓住自己，摆脱阴

第5章
阴影小孩，阳光小孩和内在成人

影小孩的影响。不幸的是，恰恰在不美好的时刻里，我们会完全陷入现场视角之中——尤其是当我们的阴影小孩被触发时。这时，种种消极情绪一下子将我们带入了现场视角。我们会把自己的情绪，如愤怒或恐惧，以及我们的消极信念误以为真。从现场视角，我们无法识别阴影小孩，因为我们与它同在。

让我们再思考一下马库斯的行为。一看到他儿子保罗玩黄油，马库斯就非常生气。后来他成功地当场抓住了自己，至少他说服了自己不去打儿子。当他事后和妻子谈到当时的情况时，他才真正意识到自己的阴影小孩。在谈话中，他想起了自己的母亲特别爱干净，不停地打扫，绝不许他和妹妹把脏东西带进屋子里。马库斯是个听话的孩子，总是力图取悦母亲。他内化了她的养育原则，因此自己也有了点儿洁癖。

马库斯在与妻子交谈时进入了观察者视角，并借助87页的问题仔细研究了自己与儿子的"黄油大战"。

马库斯意识到：引起他愤怒的原因是保罗在黄油上钻了一些洞。这时他头脑中的信念被激发了："不许玩食物""这太恶心了，你不能这样做"和"不许捣蛋"。他感觉到厌恶和愤怒，结果就对保罗大喊大叫起来。如果以后再发生这种情况，他想对儿子冷静地说："我不想让你玩食物。"马库斯头脑清醒地分析情况，有助于他与阴影小孩保持距离。

但是，马库斯如何确保他今后仍然能及时当场抓住自己？如果保罗再次玩食物或跳入泥泞的水坑，他的阴影小孩可能会再次被触发。这里重要的线索就是感受。如果马库斯感觉到厌恶和愤怒，他应该提醒自己:"小心!这是阴影小孩出没的地方。"如果他能及时当场抓住自己,就可以立即采取观察者的视角,即成年自我的视角,避免大发雷霆。他及时当场抓住自己很重要。如果感觉已经很强烈,调节起来会很困难。

我们都像马库斯一样,感觉达到了某种强度以后,常常会牢牢攫住我们。这时,我们心潮澎湃,很难遏制情绪。

发生这种情况的部分原因在于我们大脑的运转过程。简单地说,我们的情感在大脑中有自己的位置。它们所在的大脑结构称为边缘系统。每当有事情使我们情绪激动时,大脑的这个区域就会启动,并影响我们的身体和思维,比如,我们的心跳开始加速,思维变得飞快。这往往发生在几分之一秒之内,因为从远古时代开始感觉就是确保我们得以生存的,一旦有事情发生,必须尽快处理。如果感到恐惧,我们可以撒腿就跑,逃往安全地带。而我们的理性思维、态度和观点则固着在大脑额叶区域,即前额正后方的大脑区域。这一部分工作的速度相对较慢。这意味着我们的感觉是快速反应而占主导地位的。如果我们被情绪淹没,那么逻辑思维——我们的成年自我根本就没有机会。我们必须等到情绪消退,或者有意识地让自己恢复到平静状态。

如何分散自己的注意力

◇ "数到十!"在情绪激动的情况下,人有时会听到这样的提示。实际上这意味着"先让自己分散一下注意力",有时数到十还不够。

第5章
阴影小孩，阳光小孩和内在成人

因此我们建议：如果你非常激动，请从 385 开始数，每次减 7，一直倒着数到 0。你将看到集中注意力数数使你的大脑变得平静。在进行算术运算时，大脑比较理智的区域（即额叶）必须起作用，这可以使我们的边缘系统（情绪大脑）渐渐平静下来。使自己平静下来的另一种好办法是运动，任何身体的运动都会分解压力激素。

◇ "绕街区跑一圈！"这也是个不错的提示，因为跑了一圈以后，你通常会进入平静的状态。另一项应急措施是进行呼吸练习。你还记得吗？为了使情绪平静下来，首先必须尽可能平静地呼吸，并强调呼气，尽可能深长地呼气。

◇ 当然，最好是在阴影小孩的感觉刚要出现时就当场抓住自己。我们经常在胸腔和肚脐之间的上腹部感到愤怒或恐惧。如果有情绪波动的迹象，我们的身体会绷紧，在身体的这个区域能清楚地感觉到这一点。因此，有必要注意这种紧张状态的最初迹象。如果感觉还没有那么强烈，我们很可能成功地阻止了它。

当场抓住与切换

现在让我们再谈谈马库斯。重要的是，他应该为塑造亲子关系和他的阴影小孩所产生的情绪承担责任。安慰自己的阴影小孩也许会对他有所帮助。如果他能下定决心，将来一定要当场抓住自己并实现切换，那么他的行为可能会发生巨大的变化。

"当场抓住和切换"是行为和意识发生变化的基础，它应该成为你的口头禅。一旦感到自己陷入典型的阴影小孩感觉中，请尽快切换到成年自我，并从远处观察你的阴影小孩。现在，你可以从成年自我的视角思考：作为母亲或父亲，我想如何反应？

"当场抓住与切换"并非一朝一夕就能完成，需要长期练习，但完全可以实现，诀窍是你可以从成年自我的视角明确地决定，从现在开始你想当场抓住自己："从今天开始，当我陷入阴影小孩的情绪中时，我要有意识地当场抓住自己。"

这个决定不会自动使你摆脱负面情绪，但是它将使你下次不会像被按了按钮一样一下子坠入现场视角，陷入旧的行为模式。你可以切换到观察者的视角，从成年自我的角度审视情况。我们可以向你保证：这将使你与孩子的生活更加愉悦，并极大地增强你作为母亲或父亲的能力。

如果你将"当场抓住与切换"作为内在的指针，则可以静心等待，直到旧的感觉再次出现。当恐惧或愤怒出现时，你甚至会认为这是件好事。它们对你来说就像指示牌，甚至可能像师父一样。卡罗琳娜对孩子们乱扔东西感到非常恼火，她注意到，孩子们吃完香蕉忘了把皮扔掉时，她就会怒火中烧。每次她都想好好教训他们一顿，之后她又会郁闷很长一段时间。尽管她家的走廊问题已基本解决，但在其他养育情况下，她还没有完全满意。于是她按照下面"内省区"的方法进行了练习。

第5章
阴影小孩，阳光小孩和内在成人

内省区：当场抓住与切换

请回想一个你和孩子在一起的情境，在这个情境中你的阴影小孩被触发了。你可以再次选择已经"仔细考察"过的那个情境，也可以选择一种新情况。你需要笔和纸来记下你的发现。卡罗琳娜决定借助这个内省区进一步弄清香蕉皮引发的情况。

● 将自己置于你的阴影小孩中——也就是你内心在这种情况下出现的那个受伤的小孩，并从它的角度看待并感觉这种情况。最好的办法是大声说出来阴影小孩现在的感觉，它如何解读和感受目前的情况。卡罗琳娜说："我很生气。他们把我当成空气。没有人注意到我的努力。我辛辛苦苦是为了让每个人都觉得家里很舒服。"当她大声说出这些句子时，她意识到，自己从小就知道这些感觉。她的父母当时忙于工作，没有给小姑娘卡罗琳娜想要的关注。因此，卡罗琳娜非常努力地取悦父母。她记得有一次她把客厅收拾得特别漂亮，但父母根本没有注意到。卡罗琳娜感受过这种辛苦、愤怒和失望混合在一起的感觉。

● 再从阴影小孩身上出来。摆脱它的最简单方法是用手掌轻轻拍打自己或者摇晃自己的身体。你也可以拍拍手，然后想："现在就停止，一切都结束了！"卡罗琳娜的方法是上下跳了几次，并摇了摇自己。

● 现在移动到房间的另一个地方，在那里有意识地进入成年自我。为此，你可以在心里给自己打气说："我是一个成年人。我已经为人父母了。"通过成年自我的眼睛，你可以从观察者的视角看问题。卡罗琳娜从外面看到自己站在厨房里，看着香蕉皮。

● 下一步，作为成年人与你的阴影小孩对话。你可以这样说："亲爱的阴影小孩，很抱歉你被这样触发，但是现在我会解决这个问题。我承担责任。"卡罗琳娜从成年自我的角度对她的阴影小孩说："我亲爱的小孩，我知道你只想被人关注一下。从现在开始，我这个大人说了算。你可以信得过我。我们能行。"

● 然后像评估员那样，中立地观察和评估情况。阴影小孩怎么样了？他的动机、感受和想法是什么？他的感觉是适度的还是很夸张的？假设你必须做一次关于这一情况的简短报告，那你会说什么？你也可以写下你的分析。卡罗琳娜写道："世界上没有任何香蕉皮值得如此烦恼。我的阴影小孩真的需要安慰。另外，我真的希望我的孩子们记住，不要到处留下他们的垃圾。我还得考虑一下，我怎么心平气和地处理这种情形，而不是大发雷霆。"

● 评估只是第一步，现在还缺解决方案。要提出解决方案，请先考虑一下：如果是你为好朋友出主意，你会提出什么样的建议？养育顾问会有什么建议？做你自己的顾问，并在这种情况下为自己提供具体的帮助。你能做什么？有什么新想法会有所帮助？最好写下你解决问题的想法。卡罗琳娜立即想出三个主意：

● 第一，如果我观察正确的话，孩子们根本不是不尊重我。那只是我的阴影小孩的解释。孩子们只是图方便。下一次我就以这种方式来看待问题。（这种新的视角确保卡罗琳娜不再感到自己没有价值。）

第5章
阴影小孩，阳光小孩和内在成人

- 第二，孩子只有知道后果才能记住东西。我不会再大动肝火，我会把乱放香蕉皮的那个孩子叫来，请他将果皮扔进垃圾桶。我要坚持这样做，这样才能产生效果。卡罗琳娜甚至制定了备选方案：如果我不能当场抓住"罪魁祸首"，"那我下次会将香蕉皮放在盘子里给他们端上桌去"。

- 第三，"我的阴影小孩真是受到了很大的伤害。我将花更多的时间来了解它并尽可能地治愈它。"这是一个很好的练习收尾：向你的阴影小孩保证，你会以成年自我来掌控局面，而它将得到关注并冷静下来。

在这个"内省区"的帮助下，你处理了一种情况。你处理的情况越多，从中受益也越多。

到了一定的时候，这种过程会变得自然而然。你会获得一种上位的态度，即所谓的"超然态度"，如果再次感到阴影小孩要出现了，你可以立即采取这种态度。我们练习的次数越多，就越容易在各种情况下取得成功——轻松处理与孩子、同事、伴侣，甚至与自己父母的关系。到了一定的时候，它会成为我们血肉的一部分，"当场抓住与切换"会作为一种基本态度固定下来，可以帮助我们更加自觉地并在积极的意义上更像成年人地做出反应。

此外，我们可以从更深的层次治愈阴影小孩。这个内心里的孩子感到被父母抛弃、嫌恶或压迫，因此他需要我们的同情心。在下一个"内省区"的帮助下，你可以亲切地关怀你的阴影小孩，从而带来深层的治愈。通过接受和安慰我们的阴影小孩，我们可以在一个意识不到的层面上平静下来，同时确保自己的孩子不会那么快地触发阴影小孩的感觉。

安慰你的阴影小孩

你可能会想："我的童年已经结束，什么也改变不了了。"当然，这话不错，但只是从一个方面来看。我们在这里想引用凯斯特纳的话："快乐的童年永远不会来得太晚。"从这句话里，我们也可以得出一个令人欣慰的想法，那就是，我们可以在某种程度上事后治愈我们的童年。我们今天已经长大成人了，可以利用这个优势，追溯性地对童年施加影响。我们能够像导演一样安排、指导我们的想象，以内在成人的身份联系我们的阴影小孩，并给这个内在的孩子它当年所缺乏的东西。我们可以事后做自己的爸爸或妈妈。这样，伊丽莎白可以把当年那个小女孩缺乏的全部理解和关怀给予内心的孩子。

内省区：治愈你的阴影小孩

● 平静对于此项练习尤为重要。安排一下，至少你有十分钟时间不会受到任何打扰。手上拿着自己小时候的照片对这个练习会很有帮助。你也可以使用娃娃或其他的亲昵玩具——象征着与过去的你的联系。

第5章
阴影小孩，阳光小孩和内在成人

● 平静地呼吸几次，直到你感觉自己的内心变得更加平静为止。然后，让自己处于积极的养育能量中。这是什么意思呢？就是让父爱或母爱升腾起来。最简单的方法是想想自己的孩子，想想你特别喜爱他们的时刻。

● 现在，带着这种关怀和爱护的态度，你可以与你的阴影小孩取得联系。你可以说："你好，亲爱的，你在吗？我想跟你说会儿话。"你可能会感到惊讶，你的阴影小孩很快就会让你察觉到他，也许在你的脑海中浮现出他的形象，也许你还可以听到属于它的内在声音，或者会出现某种信号，向你显示你的阴影小孩的所在。有时候也会出现不能马上建立联系的情况。也许你的阴影小孩太胆小了，不想露面。你现在已经是成年人了，还要跟一个想象的孩子建立联系，这也许让你觉得有点儿好笑。如果你真的想与童年时的感情联系起来，那么重要的是保持充沛的父爱或者母爱，不要变得急躁。一旦你有"现在快出来，你这个笨蛋"或类似的想法，你的阴影小孩就会退缩回去。

● 取得联系之后，请问问你的阴影小孩："你小时候最紧迫的需要是什么？"请密切注意你获得的答案的形式。有时候，出现在你脑海中的答案会是几个词或半句话，诸如"关爱或认可"。有时，你会以某种感觉的形式获得答案，或者看到内在的画面。

● 然后（在你的想象中）给你的阴影小孩他想要的东西，满足它的渴望。你可以想象你的父母会采取不同的行动——更有爱心，更支持你，不是那么小心翼翼……还有一种更简单的方法，就是你想象自己（作为成年人）置身于过去，并站在你的阴影小孩身边支持帮助他，比如，小声对他说："别害怕！有我在呢。"不管你选择哪种方式，重要的是让你的阴影小孩接收到新的信息，比如：

- 总是有人陪伴你。
- 你本来的样子没问题。
- 我以你为荣。
- 你可以走你自己的路。
- 你是我们盼来的孩子，我们很高兴有你。
- 你可以有自己的感受。
- ……（请在此处补充对你来说重要的信息。）

我们的阴影小孩通过这个练习获得的关爱具有深远的治愈效果。每当你跟自己的孩子打交道时有阴影小孩出现，你都可以事后再想一想：如何解释我的反应？我的阴影小孩的哪一处伤疤在这里被揭开了？还有，我的阴影小孩需要从我这个成年人这里得到什么，才能使伤口愈合？

如果我们充满爱心，承认了阴影小孩受到过的伤害，并且在某种程度上治愈了他，孩子将不会那么快、那么频繁地按动我们的按钮。我们会变得越来越像我们理想中的父母。这样的父母一方面给孩子家庭的温暖，另一方面给他们足够的自由，使他们可以"长出翅膀"。

第5章
阴影小孩，阳光小孩和内在成人

题外话：家庭价值观

既给孩子温暖又赋予他们翅膀，在你成为这样的母亲或父亲的过程中，你的价值观可以为你提供重要的指导。如果你识别自己的童年模式时遇到困难，或者在压力重重的情况下对孩子感到绝望，价值观可以给你力量，让你坚持发展自己的能力。

我们的价值观具有强大的力量，因为它们像闪耀的星星一样超越日常的琐碎之上，不断向我们展示我们想要前进的方向。假设一对伴侣看重乐趣和陪伴，他们可能会安排周末的时间进行既有乐趣又能相互陪伴的家庭活动，比如晚上一起做游戏。他们的价值将赋予他们力量，让他们目标明确，以娱乐和游戏为乐，而将其他事物放在一边，无论是大扫除还是抱着笔记本电脑工作几个小时。

诚实、正义、爱、自由、礼貌，甚至娱乐等价值设定了一个参考框架，可以帮助我们"评价"我们所做的事情。

这些价值就像一条生命的红线，借助它们，我们可以判断我们是否（仍然）处在正确的道路上。它们可以帮助我们分辨清楚我们想传达给孩子的东西，即使这些和父母给我们的那些东西相反。价值观为我们的行动指明了方向。只要我们清楚自己的价值观，也就会态度明确地面对孩子。我们知道哪些东西是正确的，并坚持它们，这样就会建立一个保护框架。在这个框架里，孩子可以自由行动，并感觉到被我们护佑（亲情），同时也能尝试他们的独立性（自主）并感觉到他们的界限。

假设我已经意识到家庭和睦对我很重要，而且我发现，由于自己心情不好、随便批评指责家人，打乱了这种和睦，那么我的价值——家庭和睦——会帮我发现自己的问题并改变自己的行为。我只需要问自己：我的所作所为符合自己的价值观吗？因为价值观本身只是一些高大上的话，如何践行它们才是值得思考的。和睦对我来说是重要的价值，别人会怎么看？具体应该怎样做？别人应该、可以、必须怎样做才能让我感觉家庭很和睦？因为只有这样，价值才能充满生命。每个人对它的定义都不尽相同，但最终每个人都必须以自己的标准来衡量自己。

当然，在家庭中，适用的不仅仅是一个人的价值观；伴侣们要彼此协商，他们共同的家庭价值框架应该是什么样子。

不管是有意还是无意，我们都携带着来自我们原生家庭的一套价值观。家庭价值框架跟所在的文化语境紧密相关。作为一个家庭，我们也承载着某种文化的价值观。此外，价值观在每个家庭中也因人而异，有所不同。

家庭价值框架为你们的家庭提供了一个稳定的基本结构。但是，由于系统中涉及的每个人——儿童和父母——都处在不断的发展之中，因此应该时不时地检验一下这些价值观，确定它们是否仍然有效，是否需要修改或补充。为了使价值观有效，必须将其付诸实践。爸爸妈妈必须成为榜样，不能一边向孩子长篇大论地讲授诚实的重要性，一边让他们看到自己在电话里撒谎，比如，我们拿一个根本不存在的紧急

第 5 章
阴影小孩,阳光小孩和内在成人

约会为借口回绝别人的邀请。如果孩子们一次又一次地见证我们执行一套稳定的价值观,那么我们将为他们提供机会,让他们建立自己的价值观。从大脑研究中我们知道,这些是通过人际关系学习的,然后将固着在大脑的前额叶中。

内省区:我的价值观

以下问题将帮助你追踪你最重要的价值观。与伴侣谈论一下你们的(可能是部分不同的)价值观,也是个不错的办法。

价值观
- 作为父亲或母亲,对你来说重要的是什么?
- 你在养育过程中看重什么?
- 哪些事情值得去做?
- 家庭的共同生活中对你来说重要的是什么?
- 在你的原生家庭中哪些价值观很重要?你想接收其中哪些?你想丢掉哪些?

实现价值观的标准
现在,考量每一个价值观,把它们放入现实生活中。问你自己:
- 我如何知道自己的价值观——比如"尊重"——被践行了?

- 我的举止如何才算是尊敬他人？
- 我的孩子／我的伴侣什么时候是尊敬我的？
- 我觉得哪些行为是不尊重人的？

对于家庭生活来说，与伴侣一起找出对双方都很重要的价值观可能会非常有帮助。通常，这些价值按其重要性有明确的排序，比如，爱，安全，责任，乐趣和明确性。当孩子年龄较大时，可以邀请他们参加讨论，问问他们：家庭中什么对你们很重要？

如果你们愿意，可以将价值表述成一个简单明了的家长信条。比如："马库斯和丽莎——父母——明确而充满爱心。"或"我们施密斯这家人有一个每个人都喜欢的家。"由于写下了他们的价值观，马库斯和丽莎可以很容易地察觉到，他们面对孩子时是否明确表明了自己的价值观。

需要注意的是：设置规则的人也应该准备贯彻它。这意味着必须明确违反规则会有什么样的后果。家里的每个人都需要知道，如果我做X，就会发生Y。比如，如果你对某人说"混蛋"，就必须把五毛钱扔进脏话罚款储蓄罐里。对于父母来说，跟规则挂钩意味着他们不可以不遵守协议和承诺了。一到周末就因工作紧急而在最后一刻取消共同出游的计划，这样的人在违背自己的规则，并随着时间的推移，弱化了自己的整个家庭体系。

第6章

温暖的巢赋予孩子翅膀：陪伴孩子

第6章
温暖的巢赋予孩子翅膀：陪伴孩子

到目前为止，我们讲了很多你作为父亲或母亲的内在态度。我们希望你在那一部分里为自己找到了好主意，并了解了自然养育的含义。从现在开始，我们将从实用的角度审视你作为父母的日常生活，并阐明跟孩子一起生活时的许多典型情况。我们想向你展示如何最好地陪伴孩子，可以一方面使他们感受到牢固的亲情并感到被爱（拥有温暖的小窝），另一方面可以使他们成长为独立的个体（拥有坚实的翅膀）。这背后的秘密并不像人们想象的那样深奥，而是已经经过了透彻的研究。

我们还将向你展示，为什么父母有时很难正确地认识到孩子对亲情或自主的需求，并做出适当的反应。如果你读到亲子关系中典型障碍的例子时感觉好像在说自己，请不要马上对号入座。把这看成一个提醒，说明你还有发展潜力。这些时候大概是你的阴影小孩和他的消极信念在作怪，现在你已经学会了如何安慰和治愈他。此外，我们还提供了如何克服各种典型障碍的提示。

儿童会发展

众所周知，我们孩子的需求在他们的成长过程中会发生变化。在儿童期，他们学习诸如走路、说话、识字、骑自行车等能够让他们独立的技能，获得越来越大的自主性，然后不知不觉地他们就长大了。

大多数父母迟早都会听到"我真不敢相信，你们的孩子已经这么大了"的感叹。那些不常见到我们孩子的人，比如远房亲戚，更有可能注意到他们巨大的发展变化。

如果我们处于手忙脚乱的养育阶段，我们几乎不会注意到孩子的变化。我们只在某些特殊的日子停下来思考一下。

上幼儿园的第一天、入学或考驾照，这些有别于日常生活的节点提醒我们，生活的新阶段即将来临。最晚到十八岁时，我们才意识到孩子的童年已经结束了。孩子长大了，不仅仅是身体上的成长，他们已经能够"起飞"了。作为一个年轻的成年人，理想的情况是他们可以自立门户，建立自己的小窝。

父母的任务是为孩子建立牢固的亲情纽带（家的温暖），同时以适合其年龄的方式支持他的自主发展。这样父母就为孩子奠定了基础，使他成为一个有爱心和懂得维系亲情的成年人，一个既有归属感又有自由感的人。正是这种亲情与自主的结合使人感到幸福，孩子觉得自己本来的样子得到了接受。

孩子很小的时候需要更强有力的支持，尤其是父母的共情能力。年龄越大，他们需要的自由就越多。对于父母来说，这意味着不断的平衡，因为他们的任务是一方面给孩子们提供支持，另一方面给他们提供自由。随着孩子的成长，两极之间的正确平衡也在不断变化。下一章里我们将要讨论父母如何像大鸟一样在小窝里照料好小鸟，同时又要成为飞行教练，以及妨碍他们这样做的因素。最重要的是自我照顾：

第 6 章
温暖的巢赋予孩子翅膀：陪伴孩子

只有照顾好自己并且保持自己良好的状态，才能长期保有足够的能量、耐心和力量来陪伴孩子。

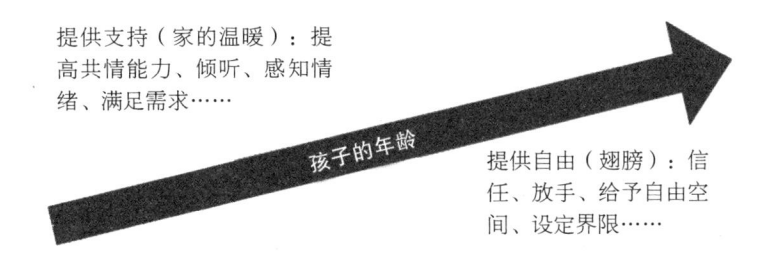

提供支持（家的温暖）：提高共情能力、倾听、感知情绪、满足需求……

孩子的年龄

提供自由（翅膀）：信任、放手、给予自由空间、设定界限……

照顾好自己就是照顾好孩子

对于鸟类来说事情很清楚：只有亲鸟得到充分的营养，它们才能照顾仍然在巢中等待的雏鸟。但是，我们人类有时会以为我们不必遵守这个规则。许多父母筋疲力尽，努力在家务、工作和伴侣关系中保持平衡，往往忘记了照顾自己，就像在玩抛球杂技时把"自我照顾球"落在了地上，再也没有捡起来。我们特别想到的是单亲父母，他们通常更紧张，没有时间照顾自己。

基本上我们每个人都知道，当我们照顾好自己时，我们会更加平和。

如果我们饿了，没有足够的睡眠，或者前一天晚上宿醉，那么我们更容易情绪爆发。在这种状态下，我们变得更敏感，只需要一些小事情就足够点燃导火索，让我们火冒三丈。特里尔大学的心理学家彼得·贝克尔指出，满足我们的基本需求对于我们的内心平衡十分重要。

我们越能满足自己的基本需求,就越能稳稳地立足于世界,就越能从容地承担起养育的责任。当我们确保自己有充足的睡眠、饮食、运动,以及兴趣、快乐、性、爱情和友谊时,我们的基本需求就得到了满足。我们会对自己感觉良好。也许你现在在想:"这些我都想要,但是怎么能办到呢?"尤其是当孩子很小或你独自承担全部家务时,你通常会二十四小时在岗,自我照顾根本顾不上了。

如果你现在觉得我们说的确实如此,并当场抓住了自己,请检查一下自己跟养育子女有关的信念。妈妈有时会认为:"只有全力以赴的妈妈才是好妈妈。"单亲父母常常相信:"我必须自己完成。"有些爸爸不允许自己安静一分钟,因为他们深信:"一个好爸爸不应该懒惰。"在这些想法之下,往往有"我不够好"这样的核心信念以及类似的变种,很容易使我们陷入过载状态。

因为这种信念在我们内部起作用,让我们觉得我们必须非常努力。这样的信念对自我照顾起着阻碍作用。

如果你现在转换到成年自我考虑一下,到底是你筋疲力尽的时候,还是感觉良好、需求得到满足的时候,能成为一个更好的父亲或母亲呢?答案是很明显的:如果你选择好好照顾自己,为人父母方面你也可以做得更好;如果你烦躁不安,面对孩子时的好心情也会很快耗尽。因此,好好地照顾自己也意味着好好地对待孩子。请你自己想明白,自己的状况好,就会感觉更好,更享受自己的人生,最终你会成为一个更好的人或一个更好的父母。给自己的成年自我"授权",偶尔为

第6章
温暖的巢赋予孩子翅膀：陪伴孩子

自己做一些事情。另外，如果你愿意，请当场抓住那些让你连轴转的消极信念，剥夺这些信念的力量。

也许你觉得信念不是驱使你马不停蹄的因素，而是客观原因："我每天要做的事情实在是太多了。"如果是这样，我们建议你为自己计划一些很小的"自我照顾单元"：安静地喝咖啡、听音乐或犯困的时候小睡一会儿。但是，更长的自我照顾时间也应该在考虑范围：晚上看一场电影、蒸一次桑拿或与朋友长长地散步一次。如果这些都无法实现，那你就需要别人的帮助了。问问自己：谁能帮助你？你能问谁？你周围真的没有一个人可以偶尔帮你照顾孩子吗？还是像"坚强的人不求助"这样的信念妨碍了你，使你无法照顾自己？让自己意识到，你不必自己做生活中的所有事情。坚强的父母也可以接受帮助。

以下练习可以教你，如何在压力很大的情况下短暂放松并给自己充电。

内省区：给自己一分钟

你可以经常进行这种正念练习，建议每天至少一次。开始时，你可以用一个计时器，设置一分钟。

- 对自己说一个"停止"或"现在"之类的信号词，这样，你"通常"的思想流就被打断了，你可以走出当前的情境。
- 然后有意识地感知你的周围环境。假设你手中有一杯水，请注意玻璃中的光和水是如何折射的,以及它们是如何闪烁的。注意你的呼吸方式,注意玻璃杯的光滑度。注意你的坐姿或站立姿势。让自己意识到当下这个时刻的独特性。生活在当下——就在此刻。

● 请注意到,专注于当前时刻可以帮助你放松并变得平静。这称为正念。

● 深吸一口气,然后结束你的短暂休整。

在孩子的婴儿阶段,或者我们全天候应对家庭和工作挑战的时候,一分钟休整法是一种很好的锻炼方法。随着孩子长大,我们父母的自由空间,包括自我照顾的空间也将扩大。随着我们的孩子成长为独立的人,我们也必须跟他们一起成长。

家长的共情能力

安全感和归属感是我们的基本需求之一。你甚至可以说,我们最大的渴望是拥有一个家园,一个小窝,一个让我们感觉安全、感觉我们归属其中并受到欢迎的地方。这种被接受的感觉——原始信任感建立的基础是,我们的父母设法真正了解我们、认识我们的需求并做出回应。

心理研究证实:养育技能的黄金标准是父母的共情能力。

心理学家为此使用的概念是共情能力。它是感知他人的感受的能力。善解人意的人可以将自己与对方换位思考,感受到他人的情感和

第6章
温暖的巢赋予孩子翅膀：陪伴孩子

追求的意图。但是，我们只能感知在我们自己身上察觉过的情感和意图。我们只有了解自己的情感，勇于去感受它们，才能发展我们的共情能力。比如，我的孩子因为成绩不好，放学回家显得很失望，我会当一个善解人意的听众，因为我体会过这种失望的感觉。只有这样，我才能共情——孩子会感觉到我的这种共鸣，觉得自己被接受。他感到被人理解，他的感知和情感也得到确认。估计不一会儿他就会愉快地蹦蹦跳跳，做自己的游戏去了。如果失望的感觉对我来说是陌生的——比如，因为小时候我已经自行封闭了失望的感觉——那么我将无法理解或同情我的孩子。接触自己的情感是善解人意和共情能力的基础。

情感确保我们的生存。

大自然给了我们情感，使我们知道该做什么和不该做什么。我们所有的行动基本上可以分为两类：接近和回避。我们的情感给我们指明了方向，我们应该做某事——接近它，还是我们应该不做某事——避免它。所有情感都有其作用：恐惧和厌恶会警告我们危险；爱与关怀确保人与人之间的纽带和社会的牢固；羞愧感迫使我们适应某些集体的准则；而愤怒和攻击性，可以用来捍卫我们的界限；等等。

此外，情感可以使那些关乎生存的需求显现出来。人们可能会这样夸大其词："没有情感的人已经死了。"这并不是完全没有道理。由于罕见的大脑缺陷而无法感到恐惧的人确实会早逝，因为他们冒了过多的风险。怒气之后隐藏的是我们对安全的需求，而爱的感觉则服务于对亲情的需求。如果不能满足所有这些需求，我们人类将无法作为一个集体而存在。因此，丰富的情感帮助我们，即使在最困难的条件下也可以作为人类生存下来。

我们的理性在决策时也发挥重要的权威作用，但它的速度比我们的情感世界慢得多。当你遇到真实的危险或在以为有危险的情况下，恐惧始终比理智快上一步。必要的时候，你必须拔腿就跑，才能保住性命。比如，如果我们在地面上看到像蛇的东西，我们会自动地缩回去，赶紧逃离。只有在脱离危险时，理性才能冷静地分析刚才的逃离是否真有必要。也许事后我们才发现，我们看到的那条"蛇"其实是一根棍子。

如果我们每次生气都发泄一通，或总是吓得手足无措，那绝对是不可取的。我们应该学会更好地处理情感，因为有时候情感可能会特别强大，占据我们的身心。如果我们伤心至极，那么我们将无法想象美好的时光会再次来临。如果愤怒攫住了我们，它就会占据我们所有的思维。我们必须学会在情绪激烈的情况下当场抓住自己，平复我们的心情，这样我们就不会成为"情感的奴隶"。

顺便说一句：欢乐、愤怒、厌恶、恐惧、鄙视、悲伤和惊奇是七种镶嵌在人类基因里的基本情感，全世界的人类都以相似的面部表情展现这些情感，也都能通过面部表情来识别这些情感。

处理我们的情感需要平衡能力：我们既不应该压抑它们，也不应该让它们肆无忌惮地发作。或者就像一个朋友的儿子所说的那样："父母可以生气，但他们一定不能大发雷霆。"我们如果能更好地感知并适当地调节自己的情绪，就能尽早地意识到孩子的情绪并帮助他们应

第6章 温暖的巢赋予孩子翅膀：陪伴孩子

对这些情绪。通过父母的共情能力，孩子们学会了感知自己的情感，能够指称它们并加以调节。

你怎么样？你是否可以触碰自己的所有情感，还是其中一些对你来说不太熟悉，甚至是完全陌生的？以下的"内省区"可以帮你回答这个问题。

内省区：探访自己的感觉

我们邀请你仔细研究一下自己的情感，并考察一下哪些情感对你来说是熟悉的，哪些情感对你来说是陌生的。为了让你印象深刻，我们创建了一张摆放着最重要情感的表格。

爱/倾慕	喜悦	自豪
愤怒/郁闷/攻击	悲伤/忧郁	恐惧
内疚	失望	伤害
耻辱	孤独	惊奇/惊喜

哪些情感在你的感觉范围内？哪些被你忽略了？

● 我对哪种情感很熟悉？在一个星期中我常有哪种情感？（熟悉的情感）

● 其中哪些占主导地位？哪些情感太经常，或者太强烈？（主导性情感）

● 我几乎不知道哪些情感？（陌生的情感）

如果你经常进行这个练习，就可以训练你的情感识别能力。你会发现，你时不时地会感知到一些以前几乎没有关注过的情感，而这正是能够识别孩子的情感的基础。

也许你在"内省区：探访自己的感觉"的帮助下已经确定，你可以很好地接触自己的情感，并且基本可以适当地处理它们。另一种可能性是，你在此项练习中注意到，你几乎无法察觉某些情感，或者有些情感太过活跃。也许你的攻击性受到阻碍，所以很少感到愤怒。或者，你太有攻击性了，遇到鸡毛蒜皮的小事也会火冒三丈。

你心中是否有一种信念对自己说"你需要适应，不可以生气"？适应型的父母往往倾向于感知友好亲切的情感，比如爱和关怀。有时候他们会有内疚感或者是恐惧感，因为他们觉得自己不够好。

还是你很快感到被冒犯，并愤怒地对此做出反应？在自主型父母身上，往往是强调自信的情绪（比如愤怒）占主导地位。反转的情况也不少见。那些已经适应了很长时间的人突然忍无可忍了，怒气大发，就像那个叫约翰娜的妈妈一样，动手打了自己的孩子。

你是不是发现自己也有这样的情绪爆发？那就问问自己：这与你的阴影小孩有什么关系？也许这意味着他的需求没有得到满足，而且很少受到关注；也许这就是他对所谓的伤害和拒绝反应太强烈的原因。

如果你发现自己情感太少，那可能是因为小时候你在父母家中不可以有某些情感，因为这些情感或是父母不希望看到的，或者对自己来说太过痛苦。

第6章
温暖的巢赋予孩子翅膀：陪伴孩子

试着找出你父母的哪些影响在这里发挥了作用。

感知情感

痛苦以及愉悦的情感与身体感觉有关。这在日常语言中就有令人印象非常深刻的反映：爱使我们的心敞开，恐惧使我们喘不上气来，当我们生气时，我们会脸红脖子粗。在我们的研修班上和诊所中，我们一次又一次地发现，通往某些情感的路，以及对这些情感的感知，完全可能被阻塞。我们的一些学员和客户不知道他们的感受。而我们是不可能没有感觉的。或换句话说：我们实际上一直在感觉。但是我们可以分散自己对情感的注意力，变得不那么敏感，我们还可以封闭感情。尤其是男性，小时候经常被大人教导去压抑软弱的情感，因此，他们不希望自己面对这些情感。当上爸爸之后，这样做的后果就显露出来：一旦孩子遇到问题，有些伤心，爸爸经常会寻求快速解决的方法。一个研修班的学员告诉我们，她心爱的兔子死了，父亲当天就给她买了一只新的。他不明白为什么她还是哭。她的父亲是希望她（可能还有他自己）避免有难过的感觉。

那些避免、否认或扼杀情感的人都不想有嗓子发紧或心里一沉的感觉，但是这样做的代价是我们也无法很好地理解孩子们的感受。你还可以通过以下练习来训练自己更好地感知情感。

内省区：更好地感知自己的情感

我们的许多研修班学员和来访者都发现，很难将他们的注意力向内转移并感知自己的情感。如果你有相同的感觉，则可以使用此练习来训练你对情感的感知。

在手机上设置闹钟，使其每天响铃五次。每次响起时，问自己：

- "我现在感觉如何？"闭上眼睛片刻，将注意力转移到你的身体上，并向内伸展你的感觉。
- "这是一种什么感觉？"为这种感觉命名。通过这个训练，你在使用表述感情的语言时会变得更加流利。
- "什么想法在我脑海中浮现？我现在需要什么？什么对我有好处？"认识到这种感觉背后的需求。如果我们逐渐学会感知自己的情感，我们就会创造条件，更好地与孩子共情。

第 7 章

温暖的巢：共情能力是关键

第7章
温暖的巢：共情能力是关键

共情可以帮助孩子建立牢固的亲情关系。孩子会想："我的父母照顾我和我的需要。我可以信任他们。"这样，家的温暖就产生了。即使共情只是部分成功，这个重要的信息仍会传达给他们。人际关系专家卡尔－海因兹·布里施指出，哪怕父母只是努力与孩子产生共情，孩子仍然会把这看成是积极的。

所有父母在与孩子打交道时，都有过心心相通的时刻，那时我们很清楚孩子的状况以及孩子的需求。我们本能地知道孩子需要什么。在与孩子的共同生活中，我们学会了领会并正确地解读他的情感符号。克里斯汀能感觉到她两岁的儿子莱昂内尔什么时候饿了，因为他饿了就会心情不好，所以出门玩的时候，她总会带上一些切好的苹果块儿和饼干。本尼（十二岁）一看见电视上的爱情场景就会脸红。他的父母知道最好不要跟他说这方面的事情。亚思敏（十四岁）放学后需要安静休息一会儿。她的母亲就会阻止小弟弟、小妹妹去纠缠她。下面的"内省区"邀请你思考一下，哪些时刻可以与孩子很好地共情。

内省区：与孩子共情

你肯定还记得某些时刻，你很清楚当时孩子需要什么。请回忆其中一个，仔细回想一下，就好像那个情景现在正在进行。

- 你的孩子看上去怎么样？说了什么？你观察到了什么？
- 你感觉到他有什么样的情绪？

- 你怎么知道孩子需要什么呢?
- 你的共情策略是什么?

也许你以前没有意识到自己和孩子可以很好地共情,也许你的行为是自然而然地从孩子的角度出发的。

让我们来仔细看一下共情能力,它通常包括三个步骤:

- 感知—关注;
- 正确解读;
- 满足需求。

在下文中,我们将向你展示如何发展或增强共情能力。

共情三部曲

第一步,我们集中精力感知孩子。我们给予他们注意力、时间和关注。感知还包括我们意识到他大大小小的情绪。

第二步,我们可以正确解读我们感知到的东西。这样我们才能知道,孩子在饥饿、疲劳或全神贯注地玩耍时看起来是什么样。对于大一点儿的孩子,只要我们认真聆听,就比较容易理解他们的感受,并产生情感共鸣。所以这里说的聆听是用心去听,而不是只用理性去感知。

第三步,我们对孩子做出回应,努力满足他的需求。对于婴幼儿,应尽快满足需求。孩子年龄越大,越可以等待。饥饿的莱昂内尔拿到了饼干,尴尬的本尼和需要休息的亚思敏得到了自己的空间。在某些

第7章
温暖的巢：共情能力是关键

情况下当然可能发生冲突。比如，孩子还想玩，但是我们看到他已经很困，需要上床睡觉了。

共情并不意味着我们去满足孩子的每一个表面上的愿望，而是去感受他的实际需要，并努力去满足这些需要。

也许你已经意识到：本书中前面的练习让你探索你的信念，学会接受和安慰你的阴影小孩，实际上是在为本章做准备。因为你越清楚地感知到自己的情感，就会越清楚地注意到孩子的行为何时会触发你的旧伤，使你陷入童年行为模式的危险。还记得之前提到的亚历山大吧，他经常觉得自己是一个失败的父亲，因为儿子的行为触发了他产生"我不重要"和"我不够好"的信念。因此，亚历山大对儿子没有做出共情反应，没有意识到儿子只是在试探自己的界限。他怒火中烧，冷若冰霜，拒人千里。这些都不是共情反应。但是自从亚历山大探索了他的阴影小孩之后，他知道了如何去除消极信念，他可以与孩子共情了。

尤里乌斯在他的朋友马克斯家玩了一个下午的玩具火车。亚历山大来接尤里乌斯，他来到儿童房的门口。尤里乌斯见到爸爸就大喊："蠢爸爸，蠢爸爸。"与以前相比，亚历山大现在不生气了，他可以感觉到，儿子之所以大喊大叫，是因为他特别喜欢和朋友一起玩，这不是对他本人的攻击。作为父亲，他不再感到被忽视或鄙视，而是看到了儿子如何坚定地维护自己的利益，他甚至为这个强大的小家伙感到骄傲。亚历山大坐在他们旁边的地板上，看着他的孩子（感知—关注），然后说："嗨，尤里乌斯，你和马克斯玩了一下午很开心，但这个下午这么快就过去了,你感到非常生气。"(正确解读)小孩子感到爸爸理解了自己,怒气也就消了。亚历山大理解他的需求并迎合他:"那我再等五分钟,等你们游戏结束了。如果你愿意,马克斯明天也可以来我们家。"(满足需求)

我们把成人处理情绪的技巧称为"情绪管理",这种能力并不是与生俱来的。通过体察孩子的感受,告诉他们这些情感的名称,我们可以帮助孩子来理解、分类和应对它们。

诚然,这只是一个共情的模范案例。但是,如果你好好想想,你自己肯定也经历过这样的情况。你当时说不定还感到奇怪,为什么在那个情况下没有出现争论、斗争和流泪的情况。你的共情能力使孩子很容易厘清自己的感受并适应情况。另外,你每次善解人意的举止,都可以教会孩子三个重要的事情:

◇首先,尤里乌斯得知,他不得不放下好玩的游戏时的感觉称为"生气";

◇其次,孩子知道他可以有这种情绪;

◇再次,他知道对此有解决方案。

下面,我们将向你提供一些实用的指导,帮你轻松实现共情陪伴。

第一步,感知—关注

转向你的孩子。就按字面上的理解,请把身体转向他,跟他有目光交流,把你的注意力放在他身上,注意感知他的情况。相信自己的感

第7章
温暖的巢：共情能力是关键

官知觉，你所看到、听到、感觉到和闻到的东西可以告诉你很多关于他的情况。

第二步，正确解读

现在，试着解读一下，在你感觉到的东西的背后藏着哪些情感和需求。对于无法用语言表达自己的幼儿，你主要依赖于解读他的肢体语言。这意味着你必须能够正确解释孩子的面部表情、姿势和动作。对于大一些的孩子你可以直接询问他需要什么，如果你仔细聆听，就会察觉他内心所想。

原则上，我们可以观察到每个孩子身上关注、漠视、放松和紧张的迹象。较小的孩子发出的信号通常比大孩子的更明显。青少年有时会故意面无表情，所以比较难以琢磨。

以下信号背后有明确的需求：

◇ 如果孩子转身朝向你，说明他需要关注、注意力和交流。

◇ 如果孩子转身离开，说明他需要安静。

◇ 如果孩子很放松，他目前可能不需要任何东西，而且很高兴能保持现状。

◇ 如果孩子很紧张，说明他需要支持。

关注的信号：

◇ 寻求目光交流

◇ 向其他人靠近（哪怕只有一点点）

◇ 触摸

◇ 关注身体

◇ 点头

◇ 倚靠

◇ 伸出手

◇ 微笑 / 大笑 / 抿嘴一笑

◇ 转过头来

漠视的信号：

◇ 移开视线，结束目光交流

◇ 转身背朝某人

◇ 摇头

◇ 转头看向别处

◇ 停止笑或微笑

◇ 后退（哪怕只有一点点）

◇ 停止动作

◇ 嘴唇紧闭

放松的信号：

◇ 肌肉松弛 / 放松

◇ 深呼吸

第7章
温暖的巢：共情能力是关键

◇声音较为低沉

◇语速较慢

◇不会抿着嘴唇

◇肩膀向下

◇动作轻柔

◇目光温和

紧张的信号：

◇肌肉紧绷/紧张

◇呼吸浅

◇嘴唇紧闭

◇保持距离

◇动作慌乱

◇眼睛瞪大或眯起来

除了这些一般信号外，每个孩子还有自己独特的肢体语言，可以供我们体察。比如，布鲁诺的妈妈宝拉非常清楚，小家伙不高兴或不舒服的时候总会皱起眉头，而他感到心满意足时，他的整个身体都会轻微地摇动。

第三步，满足需求

聆听并对孩子的（肢体语言）信号进行正确的解读后，接下来就应该满足他的需求。孩子越小，满足需求的速度就要越快。婴儿没有时间概念，所以如果我们告诉他"我五分钟后到你这里来"，不会起到任何效果。他可能会很快进入一种恐惧状态，感觉自己无人理睬、被抛弃了。因此，请对宝宝的哭声尽快做出反应。孩子年龄越大，等待就变得越容易，可以让他等一会儿，再满足他的需求。对六岁的女儿，妈妈完全可以说："宝贝，我马上给你做一杯热巧克力，但我想先写完这封电子邮件。"

因此，以适龄的方式感知和满足孩子的需求非常重要。对于年龄较大的儿童、少年和年轻人，和父母在一起交谈就像保持亲情牢固度的胶水。他们会感到被接受、受重视，前提是交谈是在无意图的情况下进行。

题外话：无意图聆听

聆听是父母发展共情能力的另一个基础。父母如果愿意聆听孩子的心声，那传达给孩子的信息就是："你对我很重要。我对你感兴趣。"尤其是当我们无意图地聆听时，我们能更好地与孩子共情。也就是说，我们在聆听时不追求自己的任何意图，而只以理解孩子为导向。为此，我们应该尽可能摆脱自己的想法。这不是那么容易能做到的事情，因为在聆听时，我们经常有（隐藏的）目标，尤其是面对我们的孩子时。比如，当孩子谈论课后托管班里"愚蠢"的老师时，我们很快就会走进自己的思路。我们可能会想：将孩子送入托管班是对还是错？他可得习惯那里，否则我就不能去上班了。我是一个坏妈妈吗？……

第7章
温暖的巢：共情能力是关键

无意图是我们无条件爱孩子并接受他们本来样子的先决条件。

这种内心的自言自语常常受到阴影小孩信念的影响。为了能够无意图聆听，我们必须以某种方式获得自由——摆脱自己的意图和烙印。这就是为什么我们在本书中设有这么多"内省区"。"内省区"的练习可以帮助你识别烙印、治愈烙印，并逐渐养成无意识的态度。只有这样你才能表现出真正的兴趣。

在与孩子们的日常对话中，我们常常免不了会产生引导孩子的想法。比如，七岁的儿子说起即将举行的足球训练，我们立即想到，他必须带上喝的水。这很正常。我们也不必无时无刻地无意图聆听。但是，如果我们成功地进行了一次又一次没有（秘密的）意图的对话，这将加深我们与孩子的关系。

在行为方面，无意图聆听意味着要保持联系，准备好接收信息，并理解孩子告诉我们的内容。如果我们用自己的语言重述我们听到的内容，并时不时地问一个问题时，孩子会感到我们理解了他。

无意图聆听的工作原理：

◇与孩子建立联系的第一步始终是先进行目光交流并引起他们的注意。

◇特别是对于大一点儿的孩子，这意味着我们必须找到合适的时间进行对话。一位父亲告诉我们，他总是喜欢带着青春期的儿子开车兜风，因为在开车时他们经常能很好地交谈。

◇另外，我们应该通过肢体语言表示乐意接收信息：转身面对，点头，鼓励的微笑（当然，这在汽车中只能在有限的范围内进行）。

◇努力跟上孩子说的话。这意味着我们要真正地倾听，思想不要开小差。我们的注意力完全集中在孩子要告诉我们的内容上。

◇如果我们用自己的话重述孩子所说的话，就可以检查一下我们是否真正听明白了。如果我们正确理解了孩子，他可能会（微微）点头或说"是的，完全正确"。如果我们误解了他，我们也会注意到。如果他不同意我们的说法，他可以通过轻微摇头、稍微后退来表明这一点，或者告诉我们："不，那不是我的意思。"

◇最后，我们就所听到的内容提一个问题，以表示我们感兴趣。

共情能力障碍

与孩子共情的最重要的先决条件是，父母自己有通往情感的途径。如果我们有这个途径，就可以对孩子所拥有的每一种情感感同身受。而这恰恰是经常出现问题的地方，因为我们处理感受的方式往往与孩子的不同：我们把自己的感受隐藏、封存起来，否认它们的存在，或者绕道而行。我们希望保护自己，避免阴影小孩心中那些痛苦和不舒服的感觉。但是，这种自我保护的代价是我们与某些情感失去了联系，我们与孩子产生共鸣的能力也相应地减弱了。举个例子，如果我的孩子感到孤独，但我为了保护自己，已经从生活中赶走了寂寞的感觉，

第 7 章
温暖的巢：共情能力是关键

我将不会察觉到孩子的感情，也不会对孩子的感情做出反应。因此，孩子不会从我这里得到安慰，这会进一步增加他的孤独感。

有时我们也不允许自己有积极的感觉。这听起来很奇怪，但并不罕见。尤其是小时候非常快乐和活泼的人，自己内心有很活跃的阳光小孩的人，经常会有这样的经历。大人会要求他把动作放慢放缓："你太吵了！别跳了！你太野了！如果你再这样下去，就没人喜欢你了。"小孩子不会想"爸爸压力太大"或"这是老师今天的最后一堂课，现在她觉得我们太吵了"，他会以为或者会感觉到自己错了。

为了适应周围人的期望，孩子禁止自己出现狂野、快乐的情绪。由于这些烙印继续存在，成年之后他很可能在情感活力方面也受到抑制。如果他不结束这个连锁反应，则有将其传递给孩子的风险。既然他没有学会发展自己的活力，他也无法让孩子这样做。也许他会用过去在父母那儿听来的话来遏制孩子的快乐天性和生活乐趣。

当孩子反复听到这些信息时，他会以信念的形式把它们保存起来："我不好！我错了！我必须躲起来。"

适应型和自主型父母的情感障碍

自主型父母和适应型父母都倾向于抑制某些情绪。适应型父母会阻止愤怒和攻击性，因为这些可能导致他们与他人发生冲突。他们一方面强烈需要认可，另一方面又渴望自主，两种需求背道而驰。适应型父母也有可能过分强调亲密和友善。但是，与别人划清界限的能量会到哪里去呢？有时它隐蔽地存在着。我们都见过面带假笑的成年人，有时候我们的父母也一样。为了和谐与亲情，我们放弃了表达愤怒，孩子自然会注意到这些。他常常会继续惹人烦，只是为了从我们这儿获得一个诚实的反应。

自主型父母的问题则在于不允许出现诸如悲伤、无助和恐惧之类的软弱情绪。与适应型相比，他们急于捍卫自己的界限，对此软弱的情感是一大障碍，他们想发布命令把这些情绪赶走。"别这么娇里娇气的！"是他们常对孩子说的话。而所有勇敢和大胆的感觉都会得到鼓励和增强。如果七岁的小女孩问，她是否可以从露天游泳池的三米跳板跳下来，自主型的父母会建议她跳："没问题，当然，你可以轻松地做到这一点。"适应型的父母往往会不建议她这么做："不，不行。再等等吧，等你觉得肯定能行的时候再跳。"这里要注意的是，如果他们是从孩子的能力和需求出发的话，这两种回答都有可能是对的。如果我们被自己的情感所困，就会透过童年的"眼镜"来判断孩子的能力和愿望。

当我们说某些人禁止、压抑或阻碍某些感情时，听起来像是一个有意识的、积极的过程，但这只是部分正确。在很多情况下，某些感觉是下意识地被排除在外的。

第7章
温暖的巢：共情能力是关键

"履行你的使命"：期望造成的障碍

在心理学中，有种现象叫作"家庭任务"或"家族使命"，父母对孩子有某种期望，孩子应该像完成任务一样满足这种期望。如果我们——不管是有意还是无意地——对孩子设定了很高的期望，这几乎不可避免地意味着，我们无法清楚地意识到他的需求。我们的愿望遮蔽了我们的感知能力。

甚至在孩子出生之前，准父母就常常抱有很高的期望。他们大都希望新生儿会给家庭带来欢乐，翻开生活的新篇章。但是一些父母的期望超出了孩子的能力，比如，有些妈妈暗中希望有了孩子之后，孩子的爸爸会与她的关系更加紧密。也就是说，孩子得到了一个潜意识的任务："让你的爸爸更爱我！"妈妈对伴侣关系不满意，把孩子功能化了，希望借助孩子使伴侣关系达到平衡。即使她满怀爱意地对待孩子，也免不了通过期望的"眼镜"看他："他巩固了这种关系吗？我的伴侣现在爱我更深了吗？"于是，妈妈的注意力分成了两部分：对更紧密伴侣关系的需求叠加到了与孩子的关系之上。

家族使命是父母和祖辈交给孩子的终生任务。作为父母，我们既是（我们的父母和祖辈的）任务的接收者，又是任务的传递者（给我们的孩子）。有一些任务是有意识的、公开的，比如作为长子有一天要接管家族企业。还有一些是隐蔽的、无意识的任务，这些在家庭中没有公开讨论过，因为一旦讨论了，这些任务也就不再是无意识的了。这样的任务包括：孩子应该代替早夭的双胞胎兄弟；将父亲的终生梦想变成现实；应该保守某个家庭秘密；应该取得非同寻常的成就，洗刷犯罪的叔叔给家族带来的污点。

家族使命可能变成某些信念，比如，"你必须坚强""你必须支持我""你必须拯救我的生命"……它们影响着我们的人生道路。

每个人的家族使命各不相同。为了与孩子产生共情，我们有必要了解父母当年交给我们的任务。只有这样，才能防止我们在不知不觉中将其传递给我们的儿女。

我们先来看看宝拉的情况。她的母亲在职业培训期间怀孕，不得不中断学徒期，失去了职业发展的机会和独立性。因此宝拉就从祖父母和母亲那里接受了无意识的任务，她应该对此进行补偿，使他们再次快乐起来。宝拉对她的童年进行了很多思考，在自我反思过程中，她意识到了这个家族使命。她还痛苦地意识到，当时作为一个孩子，她是无法完成这个任务的：她的母亲因失去了接受职业教育的机会而终生后悔，但后来也没有胆量补上这一课。她自怨自艾，固着在牺牲者的角色里。宝拉花了很长的时间才摆脱了自己对母亲的责任感。她非常小心地想让儿子布鲁诺免遭这种命运，因此密切关注自己对他的期望。前几天，她的一个朋友说："你家布鲁诺真是个开心果！"宝拉大脑里立即响起警钟："他也有无意识的使命，必须要让我快乐吗？"她仔细回想了一下：儿子难过或心情不好，她是可以接受的。他不必

第 7 章
温暖的巢：共情能力是关键

为了让她高兴，每天都兴高采烈。然后她松了一口气："不，他生来性格开朗！"

我们可以让家族使命显露出来，从而减少它们对我们和我们孩子的生活的影响。

当我们问自己对孩子的出生抱有怎样的希望以及如何看待孩子时，我们交给孩子的家族使命就会显露出来。读到这里时，你肯定在想，自己是不是也有一个甚至多个家族使命。以下练习可以帮助你整理思路。

内省区：追踪任务（家族使命）

你可以从两个方向追踪你的家庭中的家族使命。一方面，你可以发现自己的任务，另一方面，你可以想想，自己将哪些任务交给了孩子。

- 闭上眼睛片刻，回答以下问题："我应该/当年应该实现父母的哪些希望和愿望？"
- 写下你在该主题下想到的所有内容，让你的想法自由流动，不要对内心的想法进行审查。
- 然后休息片刻，你甚至可以摇晃一下身体，然后再回答下一个问题。如果愿意，请再次闭上眼睛，然后回答以下问题：

我对孩子有什么愿望和希望？

我的儿子/女儿将来应该成为什么样的人？

- 让你的想法再次自由流动，并写下你能想到的一切。
- 之后，你可以考虑一下两个答案之间是否有关联。

也许你发现了一个尚未意识到的家庭任务，现在想知道如何处理它；也许这种认识会在你内心造成强烈的冲突；也许你想对父母保持忠诚，不想摆脱父母对你的期望，仍然感觉有义务去实现这些愿望。与宝拉一样，她成年后还一直在努力让她的母亲高兴。如果是这种情况，那你对于你的父母承担的责任就太多了，对你而言，以健康的方式使自己脱离这项任务非常重要。

试试这种想法，可能会对你有所帮助：如果你摆脱了与原生家庭的纠缠，也许可以成为更好的妈妈或更好的爸爸。只要你仍然依附在原生家庭上，比如，还在不断地想"我必须保证让我妈心情愉快"，你就无法摆脱虚假的义务。这也会影响你的孩子，然后，孙辈（你的孩子）可能也必须确保祖辈（你的母亲）心情愉快。你越有能力使自己摆脱过多的责任，也越容易将这项重要的技能传递给孩子。

你的父母现在可能已经年老多病，你会想："现在我不能对他们这样做。"你的想法可能是正确的。但是，请为自己寻找一个模式，使你既可以无愧于父母，也不要委屈自己。找到合适的尺度可能并不容易，这时找好朋友聊聊总是会有帮助的，他们的观点往往比你的更客观。

也许你发现，你已经在不知不觉之中把一项任务传递给了孩子，那

第 7 章
温暖的巢：共情能力是关键

请考虑一下，这对孩子有好处，还是可能阻碍孩子的成长。如果是后者，请下定决心停止这种做法。如果你的孩子已经年龄很大，你可能会想："现在为时已晚！"那就跟他们开诚布公地谈论一下这件事。与孩子们进行公开讨论，可以纠正或显著减轻作为父母犯下的许多错误。特别是与年龄大一些的孩子交谈，可以达到很好的效果，比如，伊丽莎白总是逼着孩子取得好成绩，想使他免受失败的折磨，她可以给孩子讲述一下自己的童年时代，她小时候觉得父母很不理解自己。也许她可以对孩子说："对不起，有时我向你施压。实际上，我只是希望你比我更加自信。"这样的谈话可以解开很多心结。如果一个家族使命不再被掩盖，而是可以公开谈论，那它的魔咒就被打破了。经过这样的交谈后，父母和孩子通常都觉得甩掉了沉重的包袱。

"我们没觉得"：被封闭的情感

封闭情感的人，不会察觉到有些小情感。这是一种心理防御机制，主要是在儿童早期获得的。小时候，这种机制保护我们免受强烈的负面情绪侵袭。心理防御可以确保我们身心正常运转，不会马上崩溃。如果孩子没有办法应付或避免他们的消极情绪，心灵就会决定关闭这些情绪。这有点儿像无法忍受的身体疼痛所致的昏厥。孩子从自己的身体中"躲闪"开，不再有任何感觉。这种防御机制会作为一种心理反射被带进成年人的生活中。

封闭某种情感也会影响家长对待孩子的方式。比如，家长可能意识不到孩子有被遗弃或类似的痛苦感觉。

有些人不知道想念某人是什么感觉，这使他们无法或很难建立恋爱关系。比如，如果他们由于工作原因与伴侣分离一周，他们可能会忘记伴侣。这种行为背后是童年时代深深的孤独感和被遗弃的经历。那时候，他们学会了关闭这些难以忍受的感觉，如果这样的成年人经历分离，即使只是伴侣在早上离开家，这种深深的被遗弃感也可能被激发。但是大脑中的"紧急开关"会立即阻断它们。在神经学研究中，发现具有这种模式的人在情绪上对分离有非常强烈的反应，但是这种情绪在进入意识之前就被阻断了。

如果封闭了一种或多种感觉，我们将无法在他人身上识别出这些情绪，也无法出现共情。因此，封闭情感是"共情杀手"。要想找到被封闭的感觉是很难的，这是这种心理机制所决定的。

如果你担心自己可能封闭了某种感觉，请参照之前"内省区：探访自己的感觉"，再检查一下你是否确实有一种完全不熟悉的感觉。如果是这样，请尝试找出你的家庭和心理发展中可能导致出现这种情况的原因。如果你在童年时期有过创伤经历，那么专业的心理治疗肯定会对你有所帮助。

第7章
温暖的巢：共情能力是关键

"你感觉和我一样"：情感投射

有时父母共情能力较弱，因为他们将自己的情感投射到了孩子身上。你可以从字面上理解"投射"这个词。就像我们把孩子当作屏幕，使用投影将图像投映到他们身上。但是这些图像与孩子关系不大，而是与我们对现实的主观看法有关。在投射中，我们假设孩子会有我们的感觉、愿望、需求以及渴望，这往往是在不知不觉中发生的。也许你还记得卡琳娜，雇用许多保姆的那个自主型妈妈，她将自己对自由的需求投射到了孩子身上，并下意识地认为她的孩子们像她一样，会从五光十色的经历和各种各样的关系中受益。而实际上，她忽略了小孩子对亲近的需要。

实际上，有时很难区分成功的共情和投射。想象一下，一个孩子在学校联欢会上要表演唱歌，他期待着演出，也不怕上台，可是对于他的妈妈来说，在别人面前唱歌的行为让她非常紧张。因此，她认为在这次演出之前，孩子也一定很不安，她把自己的紧张情绪投射到了孩子的身上。如果她告诉其他妈妈孩子很紧张时，每个人都会信以为真。因为怯场并不罕见。如果孩子很小，他很可能会接受这种感觉。而大一些的孩子会辨别情况，并向妈妈明确表示他上台表演没有问题。

关键问题是：哪些是我的感受和需求，哪些是孩子的。

我们在孩子身上看到自己。我们会不由自主地记起自己走进学校的情形，以及自己的青葱岁月。我们回顾自己的经历，然后说："我可怜的女儿现在正处于青春期。"这样做时，我们可能会忽略一个事实：那就是这个女孩处于很好的状态，我们的青春期可能很糟糕。当然，我们并不是要说，你不应该回忆自己的童年和青少年时代。但是我们应该谨慎对待情感的传递，也就是说，不要假设孩子的感觉与我们在类似情况下所有的感觉相同。麦琳告诉我们，她不可以与邻居的孩子一起玩耍。她的父母总是说："你跟他们合不来。"直到后来，麦琳才发现长期存在的邻里纠纷可能是父母发出这个禁令的起因。然而，这件事的症结并不是禁令本身，而是她的父母强加给她一种与她自己的感觉不一致的情感——麦琳喜欢邻居的孩子。

让我们从孩子的角度看待这种情况：对于孩子来说，在他本人的感觉与他应有的感觉之间发生了冲突。他不知道现在真相是什么，他会问自己："我可以相信自己的感受吗？还是父母说的是对的？我是否应该跟他们产生一样的感觉？"

这样，父母会给孩子造成感觉的混乱，这会对孩子的自我价值感产生负面影响。因为健康的自我价值感包括"我能够信赖自己"。能够信任自己的感觉是自我价值感的重要组成部分。如果做不到这一点，就会受到自我怀疑的困扰。

在所有这些情况里，孩子们学到的都是不相信自己的合理感受。

如果对伤心的孩子说，他没有理由伤心，那么他更有可能相信大人的话并否定自己的悲伤。一个孩子跟同龄人接触时本来心无芥蒂，但总被告知一个人不能信任他人，那么最终他的心里将存储一种对自己

第7章
温暖的巢：共情能力是关键

的深深的怀疑。如果孩子有理由生老师的气，可家长一次又一次地告诉他不应该这么做，那么孩子就有可能变得懦弱。如果孩子为自己的成就感到自豪，可家长总是告诉他"自夸让人讨厌"，那么他就学会贬低自己的成绩。

家长的这些做法将导致巨大的不确定性。即使在孩子们成年之后，他们也会经常问自己："这是正确的感觉吗？我对吗？我是否可以这样？"失去自信的人一直想从外部世界寻找方向，因为他们在家里学到的是自己的感觉或观点是错误的。这使他们容易被他人操纵，或将自己的责任推托给他人，因为他们不相信自己能为自己做出正确的决定。

将我们的经验投射到其他人和孩子身上，通常会造成的后果是他们感到被错误看待和误解。你肯定经历过有人怀疑你有错误的感受和意图的情况。你是不是觉得这很气人，很不公平？如果幸运的话，你可以反驳这种错误的判断，但是前提是对方告诉了你他的想法。可惜，我们的人类同伴通常不会告诉对我们和我们感受的看法，或者他们虽然嘴上说，但心里并不相信我们。

在我们的心理诊所中，我们一次又一次地震惊地体验到这种误解有时是多么极端。比如：酗酒者将适度饮酒的人看成"伪装的酒鬼"；生活幸福的人被人怀疑有秘密的婚外情；有人心情放松、想入非非，却被认为是悲伤和不快乐；充满关爱和善良的人被指责虚伪和算计。

人们强加给他人的错误解读和误解无穷无尽。投射是世界上大多数不公正现象蓬勃发展的温床，其中反映了投射者自己的经验。比如，一个有自卑的阴影小孩的人很容易猜疑对方有支配欲。被阴影小孩的视野所困，他觉得自己又渺小又卑微，从这个角度来看，对方更大更强。这时，离怀疑对方怀有敌意就不远了。如果我们被自己的阴影小孩所困，往往会倾向于自卑、嫉妒和过分恐惧。不幸的是，这并不能使我们成为更好的人。但是，如果我们保持警惕，那么当阴影小孩再次行动时，我们就可以及时地当场抓住自己。

但是，误以为对方有错误的感觉或错误的意图，还是正确地理解了他们，这两种情况如何判断呢？当我们与善于口头表达自己的人打交道时，事情会比较简单。通常我们问一下就行了："你是否有这种感觉？在我看来，好像是这样。"如果我们是跟很小的孩子打交道，那只能依赖我们的印象了。总的来说，不管我们面前是大人还是小孩，我们都应该仔细观察、倾听，并真正向他敞开心扉，了解他的经历。

说到这儿，大家应该明白了，好好了解我们自己尤为重要。对自己的内心生活了解得越清楚，就越容易去辨别哪些感觉、愿望、需求和渴望属于我们自己，哪些属于孩子。

"你必须比我强"：自我价值投射

对于大多数父母来说，希望孩子拥有比自己更好的生活是一个重

第7章
温暖的巢：共情能力是关键

要的推动力。许多父母无私奉献，哪怕倾其所有，也要让儿女享有比自己更好的生活。他们梦想着让孩子拥有更好的童年、更好的学习时光和更美好的未来。这又有什么不好呢？这没有错，除非它使我们忽略了孩子的现实。当我们对孩子的愿望和梦想来自我们的阴影小孩时，就容易发生这种情况。实际上，我们内心深处渴望帮助阴影小孩。我们想给予他爱心和支持，帮助他建立良好的自我价值感。我们想安慰他，但前提是我们知道他的存在，然后我们才可以治愈他，并照顾好我们自己的孩子。由于我们通常并不知道自己有阴影小孩，我们不知不觉地采取了替代行动，把我们自己曾经希望的一切加在儿女身上。

我们溺爱自己的孩子，是因为在我们的阴影小孩内心深处，我们感到缺乏爱。

我们可能会用过多的照顾、关心和帮助淹没孩子，使他不再拥有任何自由空间。一位妈妈向我们讲述了她女儿的典型的一周："拉拉（十岁）星期一上课的时间很长，在星期二她去长笛课，星期三她的补习老师施特菲来我们家上课，星期四她学芭蕾。"请注意，像拉拉这样的孩子经常是在实现父母的梦想，而不是她自己的。因为这么多安排有时会让她感到筋疲力尽，她想退出芭蕾课，放学后安安静静待在家里或与朋友见面。但是妈妈经常用这样的话打消她的念头："芭蕾对你的姿态很有帮助，你不想放弃它吧？你和那些朋友在学校也能见面。"拉拉的妈妈小时候被父母忽视，她希望自己的孩子过得更好，所以她尽力培养女儿，为她提供所有自己无法享受的机会。不幸的是，虽然出于好心，但是她做得太多了，没有认真对待拉拉的需求。

过度要求会使儿童和青少年出现过劳症状。

我们会给孩子带来紧张和压力。拉拉忙碌的一周就是一个例子。四岁的孩子已经报名了中文课程，十二岁的孩子必须完成一周四十小时的学习。父母忽略了对自己和孩子施加的巨大压力。

父母过度养育和过度要求他们的孩子，因为他们（暗地里）没有安全感，而且大多数情况是因为他们在童年时期无法建立稳固的自我价值感。

如果我们具有稳固的自我价值感，并且拥有诸如"我足够好"或"我很有价值"这样的信念，那么我们在养育孩子的道路上就不太会跌跌撞撞。良好的自我价值感可以使我们确信"能搞定孩子"。我们知道自己很有价值，这跟我们的成就无关；孩子也很有价值，跟他们是不是能达到某些要求无关。健康的自我价值感也意味着，我们可以看到，我们作为父母已经做了很多正确的事情，这些事情使我们能够承认自己为人父母的成绩。有了健康的自我价值感，我们还能够听取对我们的养育方式或孩子行为的批评，不会闭目塞听。面对批评我们会更加心态平和，考虑我们是有则改之还是无则加勉。如果我们的自我价值感不稳固，可能导致孩子不得不来补充我们的自我价值感，通过他们的成绩来弥补我们的薄弱环节。

第7章
温暖的巢：共情能力是关键

题外话：自我价值感和学业压力

当孩子开始上学时，成绩这一话题常常显得危机四伏。我们的自我价值感越不稳定，看他们在学校的表现时越是紧张。有的父母可能会自问："我的儿子会像我一样失败吗？我女儿能取得好成绩吗？"出于焦虑，父母逼着孩子取得好成绩，而根本没有看到他们对孩子要求过高，也没有看到，有些地方他们是在拔苗助长。

孩子在许多方面分享我们的自我价值感。他们用敏锐的"触角"注意到，我们去开家长会的时候是不是表情紧绷绷的，我们面对老师的时候是不是感到自卑。孩子会观察到，家长不得不去找老师的时候很紧张，他在潜意识里就会得出结论：爸爸妈妈都害怕老师，我大概也应该害怕老师。孩子会把父母的恐惧承接过来。

轻度的恐惧促使我们前进，对我们的注意力也有好处，但是强烈的恐惧会使我们的创造力和效率瘫痪。

而且这很容易形成恶性循环：孩子变得焦虑，成绩下降，这增加了父母和孩子的恐惧和紧张，削弱了他们的自我价值感，继续对成绩产生不良影响。这样，在学习方面的不自信和自卑感就会从一代传到下一代。

有时，父母对孩子在学校的表现和成绩也会做出"无所谓"的态度。为了消除那些威胁自我价值的感觉，我们宣称，学校及其相关的一切都不重要。父母这样做通常是出于良好的意愿，实际上他们想传达给孩子的是：即使成绩不佳，我们也爱你。但是，这样的做法其实是没有认真对待孩子生活中的一个重要方面。毕竟，他们每天在学校度过八小时，却没有得到多少父母的支持和认可。还有可能发生的情况是，父母对孩子的学习能力和遇到的困难都可能视而不见。

许多父母上学期间都有过很糟糕的经历。或是在全班面前遭到老师的侮辱，或是因为成绩不好而受到父母的惩罚，或是在体育课上被嘲笑。所有这些经验都存储在阴影小孩中，通常会对自我价值感产生不利的影响。因此父母都希望孩子上学时会比自己有更好的体验。但是这一点我们不能指望太多。从我们自己上学的时候算起，学校这个机构就没有发生过根本性的变化，仍然有不公正的老师、无聊的课程和空气污浊的体育馆。即使孩子心平气和地告诉我们他的经历，我们的阴影小孩也会被触发。我们或是大骂学校，或是责怪孩子自己表现不好。不管怎样，这两种反应对孩子来说都没有道理，因为我们是通过童年"眼镜"来观察学校的。我们应该坐下来，仔细倾听孩子在学校中遇到的困难，和他们一起考虑如何解决问题。孩子需要我们的鼓励和支持。

只有摘下童年"眼镜"，我们才会对孩子有所帮助。只有这样，我们才能在同理心、从容和积极行动之间达到适当的平衡。

我们想鼓励你，利用下一页的"内省区"再梳理一下你的求学历程，唤醒记忆中光明或黑暗的一面。这是你摘下与学校、与孩子的学习相关的童年"眼镜"的重要先决条件。你的积极求学经历被存储在阳光小孩中，消极的经历存储在阴影小孩中。

第 7 章
温暖的巢：共情能力是关键

内省区：我的求学时光

请快速把句子补充完整。不要想太久。如果需要，你也可以记笔记。

阳光小孩的回忆：

- 我喜欢上学，因为_____
- 我喜欢回忆以下老师：_____。因为_____
- 我喜欢这些课程：_____。因为_____
- 我在班上感到很舒服，因为_____
- 我的父母帮助我，让我在学校很顺利，因为_____
- 另外，我还能回忆起以下在学校的美好经历：_____

阴影小孩的回忆：

- （有时）我讨厌／害怕上学，因为_____
- 我不喜欢回忆以下老师：_____。因为_____
- 我不喜欢这些课程：_____。因为_____
- 我在班上遇到困难，因为_____
- 在家一说起上学的事，就感觉压力很大，因为_____
- 另外，我还能回忆起以下在学校的不快经历：_____

如果你的孩子今后告诉你关于学校的信息，请仔细聆听，并尽力理解他想告诉你的内容。努力忽略自己的学校经历——不要立即通过经验的"眼镜"来观察和评估孩子的经历。你可以另找一个时间告诉孩子你自己的求学故事。

"永远快乐"：快乐压力

如果孩子有负面情绪，父母有时候会感到难以忍受。不满的反抗、大滴的眼泪、恐惧或不良情绪都会使大人们十分揪心。大多数时候，这些父母本人并没有学会如何很好地处理这些感觉，因此，当这些感觉在孩子身上出现时，他们会感到手足无措。米里亚姆告诉我们，她的母亲看到她很悲伤时总是像"僵住"一样，她感到母亲对她的这种情绪完全不知所措。在这些时刻，米里亚姆感到自己孤立无援，得不到任何安慰。因此，米里亚姆学会了封闭自己的悲伤情绪。直到今天，她仍然很难向别人诉说她的烦恼。米里亚姆现在有了女儿卡拉。她不得不承认，她曾经暗暗希望，女儿只会小声哭泣，甚至根本不哭。但她想错了！卡拉还是婴儿的时候，如果不高兴就大声哭喊，后来在蹒跚学步时，一旦摔疼了，她也会大哭大叫。这使米里亚姆完全乱了心神，最终不得不寻求心理治疗。

如果父母无法很好地处理自己的压力感，可能会导致他们不允许孩子产生这种感觉。这样，孩子们就会遭遇"快乐压力"。

不管是适应型父母还是自主型父母，都想追求一个永远幸福的家

第7章
温暖的巢：共情能力是关键

庭，但是他们有着不同的做法。适应型父母通常与孩子联系紧密，以至于对孩子的每种情绪都产生共鸣。如果孩子哭泣，他们自己也会难过。另外他们往往对孩子呵护有加，根本不让消极的感觉出现。自主型父母很难处理"软弱"的感觉。他们努力使自己摆脱"软弱"，一旦看到孩子遇到这种情况，他们就会不知所措。为了保护自己免受伤害，他们会淡化负面情绪，对自己说："没那么严重。"

实际上，这些父母这时离开了成年人的角色，重新陷入了阴影小孩之中，因为他们的阴影小孩都深刻地经历过这些情感。不管是自主型父母还是适应型父母，他们的阴影小孩都可能被触发。他们会采取很多预防措施，以避免自己和孩子产生负面情绪。而这正是危险所在，家长为了让孩子"快乐"，把成长路上的绊脚石清除得太干净，孩子的意愿过于轻易地得到满足，结果是，孩子学不到如何应付困难的处境，最终是父母使孩子的自立之路变得更加艰难。

另一些家长的做法是说令人鼓舞的话："来吧，没那么严重。"目的是减少负面情绪，以便"迅速使情况恢复正常"。孩子收到无意识的信息："我必须坚强！"并学会为软弱的情感感到羞愧。

当下的时代潮流是大家过分强调开心，想把不那么快乐的情感排除掉。广告里满是笑逐颜开的孩子和父母。有时，这些图像占据了我们的身心，我们将它们作为无意识准绳，变为"灿烂快乐的人"成了我们的理想。我们并不是说，一个人不应该为其乐融融的家庭而奋斗，但是快乐的压力对于孩子们可能是个问题，因为他们情感生活的一重要组成部分被排除了。

在快乐的压力下，成年人试图远离负面情绪。我们不想面对，也没有兴趣面对难受的感觉，干脆把它们一下推开，但这使我们的生活变得不再那么丰富多彩。假设我们只有良好的情绪，那就像一直在吃蛋糕。如果没有对比，即使甜蜜的生活再美好，我们也可能会感到厌倦。不愉快的感觉是生活的一部分，只有这样，生活才能充实丰满。另外，负面情绪总是具有警示作用。它们告诉我们："保持清醒！小心！做出改变！"有了消极情绪，我们才能进一步发展。人必须能够在一定程度上承受消极情绪。

与自我保持良好的接触是忍受这些情绪的前提。我们经常害怕面对它们，因为我们已经习惯了把它们推开。我们无意识地相信："如果我允许痛苦出现，我将永远陷在痛苦之中。"事实恰恰相反。感觉有来也有去。如果我们接受它们，它们就会转变，过一会儿也可能消失。如果我们不断将它们推开，它们才会在我们的想象中变得像巨兽一样强大。如果你在处理悲伤和无助的感觉时遇到问题，我们邀请你采取行动，抓住要害，做一个非常简单但有效的练习。

内省区：忍受消极情绪

请想一想让你感到悲伤、愤怒、无助或恐惧的情况，并仔细回想一下：那是在哪里？什么时候？与谁？

第7章
温暖的巢：共情能力是关键

然后回想当时的感觉，你身体的哪个部位感觉最强烈？然后对自己心里说："是的，是这样。"允许那种感觉存在，并接受它。内心对自己说："亲爱的悲伤／愤怒／恐惧——我接受你。"

静心观察，看看这种感觉会如何。它有可能会改变。但是，即使不是这样，你也会发现自己足够强大，可以承受它。而且如果你在孩子身上遇到这种情况，你可能会做出更冷静的反应。即使你现在还做不到这一点，那可能是因为目前你的痛苦或悲伤仍然太强烈。相信你的直觉，也许时间还不到。多留意自己，说不定第二天你就敢于面对这种感觉了。

不管是父母还是孩子，都不可能一直快乐。如果我们成年人不愿承认自己的消极情绪，会出现什么情况呢？快乐的压力可能导致我们的行为不再本真。另外，我们眼中那些消极的、不合适的或不适当的情绪通常也会寻找其他的渠道表现出来。

"我从不生气！"：被动攻击

情感是我们生命能量的一部分。它们就像水一样，总是能找到自己的道路，情绪也与之类似。比如，如果愤怒这种情绪被禁止，与愤怒相关联的攻击性有时会从别的地方钻出来。

攻击性具有一种重要作用：我们用它来设立自己的界限，它就像我们心灵的情感守护者。它告诉我们："到此为止，不要再向前了。"

攻击性是恐惧的对立面，一个驱使我们退缩，另一个推动我们前进，激发我们进攻。找到两者之间的平衡很重要。目标应该是感受这种情绪，而不是毫不节制地发泄。当我们感觉到自己的攻击性，并能很好地利用它来表明自己的立场，那我们跟它的关系是良性的。如果我们能够自如地应付自己的攻击性，也就可以很好地识别藏身其后的愤怒、失望和无助，并有意识地加以利用。当青春期的儿子跟我说"别惹我，笨牛"时，我会感到愤怒，并告诉他再说一次"笨牛"的后果。这是积极攻击。我感到愤怒，采取行动，并为孩子设定了界限。所有积极的攻击行为都有这样的特点：我明确地说出我的观点，或坚定地说不。我设定界限、进攻、尖叫、诅咒、紧紧抓住或发出威胁。

被动攻击却不是那么容易被识破，它像是从后门溜进来的。典型的玩法是：让别人栽跟头，闭口不言，撒谎，磨蹭，迟到，先承诺后"忘记"，把贬损批评包装成"好的建议"，或时不时发表一些尖酸刻薄的评论。

被动攻击是一种"冷怒"。陷入其中的人以间接的方式进行反抗。

被动攻击的关键是拒绝某种行为，但不承担任何责任。一个很好的例子就是所谓"橡皮筋答案"。比如，老公想跟妻子一起周末出游，并做好了计划。妻子采取了被动攻击的态度，因为她被自己的阴影小孩所困，总感到被丈夫辖制，一听到丈夫的愿望就条件反射式地反感，不想"屈服"。在阴影小孩模式下，她没有意识到自己与丈夫是平等的。她没有明确地跟丈夫说"我不想跟你一起出门"，而是面对他的建议说"看情况吧"。她既不说行也不说不行。等到周末临近时，她向他

第7章
温暖的巢：共情能力是关键

解释说，她不太舒服，觉得浑身乏力，无法出游。就这样，她让丈夫的计划泡了汤，也没有为自己的拒绝承担责任。她的丈夫感到有些失望，然而没有机会了解她的真正动机。

被动攻击的人害怕冲突。他们害怕公开讨论，因此选择了更微妙的手段来维护自己的利益。

不管是适应型父母还是自主型父母都可能采取被动攻击的做法。自主型比适应型更加坚决地捍卫自己的界限，但他们是采取主动还是被动攻击，取决于他们的性情和社会化程度。被动攻击的父母不会承认他们讨厌孩子老是哼哼唧唧，但他们会特别晚才去幼儿园接孩子。这不是有意识地进行的，只是这样"发生"了。父母在下班之前让自己陷入与同事的交谈中，让自己被同事拖住，可以将晚接孩子归咎于拖住他的人——这是被动攻击行为的一种流行变体。

伪装成失望的被动攻击

有些父母试图通过发出失望信号来操纵孩子，他们也是在做出被动攻击的行为。如果孩子太烦人或做了他们不喜欢的事情，他们不会清楚而公开地告诉孩子他们生气了，而是将自己的攻击性掩藏在失望中。孩子很难招架这样的做法。任何孩子都不想让父母失望，也不想看到他们伤心。因此，他更愿意按照家长的要求去做，即使他并没有真正弄清自己做错了什么。有时候，也许孩子只是有不同意见。如果家长发脾气了，那孩子还有机会保持自己的界限，至少可以心里骂一句"你这个傻瓜"，或与父母吵架。

一些父母真的将失望作为一种养育措施。他们不断地让孩子内心有愧。他们会说："那我会很难过，但你还是按照你的想法做吧。"阿斯拉告诉我们，当她拿着不好的成绩回家时，她的母亲总是非常失望，这让她感到无比内疚，而且这种经验影响至今：阿斯拉一直在奋力满足所有期望，不仅是她对自己的，还有来自其他人的。如果哪个任务她没有百分之一百完成，她仍然会感到良心的折磨。如果母亲在女儿成绩不好时真正生气了，那么女儿也许可以学到如何保持自己与母亲的期望之间的距离。

生气的父母散发着某种力量，孩子可以问心无愧地进行抗争。而失望的父母显得虚弱，这会使孩子感到内疚。

攻击性受到抑制的父母经常通过间接的威胁来影响孩子，这也是一种被动攻击式的做法。他们好像用尽最后的力气说："我不介意你今晚外出。如果我再觉得不舒服，就打电话叫救护车。护理人员会照顾我。"在这里，父母也是在通过让孩子良心不安来操纵孩子。

许多人在年迈的父母那里体验过这种寻求照顾的"策略"。比如，告别时他们会说："再拥抱我一次，谁知道我们是否还会再见。"他们试图给孩子施加压力，而不是直接说："你要离开我感到很难过，我感到很孤独，如果你能很快再来看我，我会很高兴。"

了解自己的被动攻击行为并非易事。你必须有意识地问自己：虽

第7章
温暖的巢：共情能力是关键

然我答应了，我还是没有做他最喜欢的菜，这背后的真正原因是什么？虽然我想和儿子或女儿一起玩，可为什么还是坐在计算机前不起身？为什么我会忘记去公共汽车站接孩子，或者忘了他的朋友邀请他参加生日派对？当然，并不是你在家庭生活中发生的每一次失误都是被动攻击的表现。然而，有时候了解自己的动机并不是坏事。

内省区：背后是什么？

下次你伤害或使你的孩子失望时，请问自己：我为什么要这样做？我为什么迟到？为什么我忘记了约会？为什么我工作了太长时间？

把手放在胸口，要对自己诚实。可能是你爱忘事，或者有充分的理由。但是，如果你意识到在你采取行动的那一刻，心里对孩子有点儿不高兴、烦躁或生气，那你就把自己当场抓住了。

请考虑考虑，下一次你的做法如何更加开诚布公。如果你觉得合适的话，也可以向孩子表示歉意。

题外话："过来和走开"——双重信息

被动攻击的另一种形式是所谓的双重信息。

与孩子有良好关系的父母不必为自己的后代全心操劳、奉献一切。你已经明确决定要孩子，也准备好了要给儿女以爱、关怀、时间和注意力，通常也不会跟孩子计较得失。但是，并非所有的父母都与孩子有如此清晰的关系。有些人对养育子女有着非常矛盾的感觉。比如，有的母亲对孩子心存不满，觉得孩子让她陷入了一种她"不想要"的境地，或者因为孩子她不得不忍受不幸福的伴侣关系。有的父亲也会暗中怪罪孩子，因为自从孩子出生以来，妻子跟他疏远了。也就是说，孩子会造成非常复杂的感觉，让父母在爱、愠怒和内疚感之间摇摆。在这种矛盾的情绪下，父母可能会给孩子所谓的双重信息。这些信息可以有不同的表达方式。

1. 说话的时候内容上矛盾，有时甚至在同一句话里也会出现这种情况。比如，"你妈因为你都不正眼瞧我了，这不是你的错！"

2. 言行不一。比如：一边说"你能来看我真好"，一边继续看电视；或者前面显然没有认真听，可后面却说"我能理解你"。

3. 肢体语言和所说的互相矛盾。比如，一边说"我认为你做得很好"，一边撇撇嘴表示蔑视。

那些让孩子感到内疚的双重信息对他们特别有害。

让我们回忆一下宝拉的情况。她的母亲因为她的出生而放弃了职业培训。直到今天，宝拉仍然不能确定人们是否在跟她说真话。宝拉的母亲经常给她双重信息，比如，会经常说："我非常爱你！"但是，当母亲说这句话时，声音听起来百无聊赖，她抬头望天，肢体语言也表现出冷漠。这种"爱的宣言"总是出现在宝拉没有实现母亲的期望时，

第7章
温暖的巢：共情能力是关键

或者是母亲对她很生气的时候。所以母亲不是为了让宝拉感受到她的爱，而是为了让她感到内疚。这样的双重信息使孩子的感受混乱。宝拉注意到她母亲的爱的宣言很勉强，于是她经常问母亲是否真的爱她，母亲总是回答说："我已经告诉你好多遍了，小傻瓜。你真的不明白母爱是什么。"这使孩子无法信任自己的感受。从长远来看，这使孩子感到无助和悲伤，并损害了孩子的自我价值感。

斯韦特拉娜给我们讲到，她的母亲经常生病、身心疲惫。她总是向孩子们诉苦，与此同时，她坚持不让他们帮忙干家务，而是一再表示，她很乐意为他们做这些，但是说这话时她满脸痛苦的表情。斯韦特拉娜说，她总觉得母亲的痛苦是一种隐含的责备。如果母亲允许她帮助，她就不会感到那么内疚。但是母亲不允许她这样做，不让孩子们取悦她。斯韦特拉娜对母亲的感受的理解是正确的。家务和孩子超出了母亲承受的极限。尽管如此，她仍然继续扮演受害者的角色，拒绝接受帮助。这听起来可能很奇怪，但这是她的被动攻击的形式："看看，我因为你们身体变得多么糟糕，没人能帮我！"双重信息总是像夹板一样，把孩子夹在其中，使他们无法逃脱。

你也会将他人束缚在夹板里吗？在这一点上，人基本无法看清自己。因为夹板通常是由于潜意识中"两颗心在一个胸膛里跳动"引起的。重要的是意识到自己有自相矛盾的需求，一旦意识到了，就不需要再发出双重信息了。我既了解一方面，也了解了另一方面。一方面我想继续看电视，另一方面我想跟你打招呼。这种情况我们可以说清楚，比如，"喂，我看完这点儿新闻，然后就跟你聊。"如果斯韦特拉娜的母亲知道困扰自己的情况，她可能会想："实际上我需要帮助，但另一方面，我不想接受它。"这样，她才有可能摆脱受害者的角色。但无意识是双重信息的本质，要想当场抓住自己，真的很难。因此我们需要帮助。

内省区：识别双重信息

你可以向你的伴侣解释什么是双重信息，并请他／她（善意地）当场抓住你。如果你们彼此之间比较投合，这种做法就行得通。如果他／她告诉你，你正在传达一个双重信息，那请你冷静地考虑考虑，你的伴侣是不是说对了，你是否真的竖起了一个夹板。然后试着找出原因。什么是你"胸中的两颗心"？当你表现得模棱两可时，你的动机是什么？你的阴影小孩很可能参与其中。诸如"我必须永远当一个乖乖的好孩子"之类的信念不允许我们将自己的需求放在第一位。更重要的是，这可能导致我们像斯韦特拉娜的母亲一样，总是模棱两可地与人交流。

"你和我一样"：人格投射

如果我们下意识地以为，孩子与我们具有相同的性情时，就会产生一种特殊的投射。确实，决定我们气质的人格特征是遗传的。根据可

第7章
温暖的巢：共情能力是关键

靠的研究结果，人格特征的遗传成分高达 50%。这些特征中的哪些能得到发展，取决于环境因素和我们的遗传构成。

因此，孩子完全有可能跟我们很像。但这也不是必然的。孩子的性情也可能与我们截然不同。毕竟，我们的另一半也为孩子的基因库做出了贡献。这意味着，就气质而言，尽管我们很安静（性格内向），但孩子可能很吵闹（性格外向），反之亦然。但是，由于我们经常由己及人，这就为投射和误解敞开了大门。

外向型父母和内向型孩子

外向型父母积极进取，善于交际，即使是业余时间他们也会制订很多计划，他们喜欢丰富多彩的生活。外向型家庭往往非常热闹，朋友之间你来我往，相互邀请。许多外向型父母都认为他们的孩子也喜欢五光十色，忙忙碌碌。他们以为，孩子和他们一样喜欢其他人来做客。但是，对于内向的孩子来说，这可能很快就超出了极限。持续的社会交往让他们感到压力很大。内向的孩子需要安静地休息和属于自己的时间，他们也不像自己的外向型父母那样突发奇想、灵活多变，他们想预先知道下一步会发生什么。他们不喜欢计划被打乱，不喜欢没有约定好的事情突然之间被排上议事日程。孩子的反应犹犹豫豫，外向型父母不一定理解，还可能会变得不耐烦。外向型父母有时会把内向的孩子视为"惰性十足"。"一二三跳起来！我一直试着挑起女儿的兴趣，"一位外向型母亲告诉我们说，"令我惊讶的是，她的速度越来越慢。"

放慢速度是内向型孩子与要求他活泼外向的妈妈保持界限的方式：他用被动抵抗来抗击压力。

许多性格内向的孩子也不太愿意表达爱意，外向的父母会误以为孩子不爱他们。他们觉得受到了伤害，甚至可能会在情感上冷淡这个孩子，而偏爱另一个喜欢亲昵的孩子。如果你遇到这种情况，请不要怀疑。你的孩子是爱你的，只是他没有那么热情地表白自己。可能他在悄悄地自得其乐，当你向他展示自己的爱时，他心里会感到非常高兴。

我们所在的文化中，外向的人比较容易适应。还在上学期间，老师就会要求孩子做演示，接触外部社会。

通常，要内向型孩子展示自己的内心并非易事。外向型父母在这种情况下一定要伸出敏感的触角，小心行事。同时，不要用谈话和问题来逼迫孩子，这样做的话，他反而可能什么也不说。外向的孩子喜欢在回家吃晚饭时详细报告自己的一天，而内向的孩子则喜欢倾听，较长时间不交谈根本不会影响他。相反，他只有在安静时才能打开心扉。对于谈话主题最好谨慎处理，并给孩子足够的时间和空间，让他自愿回答或再次提起话题。

性格内向的孩子比较难以用口头表达自己。因此，他们在学校的口试成绩可能会比较差。外向型父母可能不理解他们的孩子举手发言会感到不舒服。他们会以为孩子没有真正努力，但这是一种误解，父母

第7章
温暖的巢：共情能力是关键

可能忽视了孩子的特点及其可能性。

与内向型孩子打交道时要有耐心，并认可他倾向内心的、与众不同的特点，对于外向型父母来说这是一种挑战。但是，如果能做到这一点，他们将有所收获。因为这样他们才能靠近孩子，了解孩子内心发生的事情，并满怀爱心地陪伴他。

为了使外向型父母不会陷入错误的判断中，认识自己至关重要。

内省区：我的孩子比我更内向吗？

以下问题将为你提供一些线索，来判断你的孩子是否比你更内向：

- 我的孩子比我安静吗？
- 我的孩子是否比我需要更多的休息时间？
- 我是否过分地催促他了？我有去催促或推他的冲动吗？

如果你的孩子比你更"安静"，请考虑如何迎合他们。问问自己以下问题：

- 比我更内向的孩子需要我做什么？

内向型父母和外向型孩子

性格外向的孩子爱热闹，闲不住，喜欢与其他孩子一起玩耍，他们喜欢关注和沟通。一个性格内向的母亲讲述她儿子的情况："萨米总是想和我叨叨。从早上起床到早餐开始，直到晚上睡觉才停止。真让人受不了。有时候我认真地对他说，'萨米，请把嘴闭上一会儿！'因为我实在听不下去了。"

外向的孩子闲不住，这对内向型父母来说有时确实是个负担。他们希望有更多的安宁，让孩子自己玩。当然，外向型孩子可以自己玩，并且时不时地也喜欢这样做，就像内向型孩子有时也喜欢与他人玩耍一样。

总体而言，外向型孩子比起内向型父母或内向型孩子对交往的需求要大得多。

尤其是在孩子没有兄弟姐妹的情况下，父母应确保他们有足够的机会与朋友一起玩。这不仅减轻了孩子的负担，也减轻了父母的负担。内向型父母不应该指望自己的儿女能总是像他们一样自得其乐。

在周围人太多的情况下，内向型孩子很快会感到烦躁，而在没有人跟他玩的情况下，外向型孩子会更快感到无聊甚至孤单。做父母的肯定都听到过这种随之而来的抱怨："我好无聊啊。"这时性格内向的父母会想："我的孩子需要有一种真正的爱好，这样就可以自己沉浸其中。"这种想法通常是错误的。外向型的特点就是，他们同时有多种兴趣，而且喜欢赶时髦。如果班上的其他人都滑滑板，他们也想要一个。如果没人滑了，也没有人再谈论它了，那滑板对他的吸引力也就结束了。内向的父母有时会把这误解为肤浅。

第7章
温暖的巢：共情能力是关键

外向型孩子并不肤浅，他们对人的兴趣远胜于对事物的兴趣。

外向型孩子在与他人一起做事时善于保持步调，比如，当父母与他们一起去儿童体操俱乐部时，他们会乐在其中。大一些的孩子喜欢参加排球、篮球或足球等团体运动。

如果你的孩子在体操俱乐部或学校的第一堂课后就基本记住了每个人的名字，请不要感到惊讶。他很容易跟别人建立联系。在这一点上，他优于内向的父母。这也意味着，内向型父母有时应该摆脱自己的局限，并且，为了孩子的缘故，应该更频繁地加入集体活动或与其他父母保持联系，做一些超出自己需求的事。

外向型孩子的另一个特异之处是，他们容易冲动，有"戏剧化"的倾向，有些内向型父母对此几乎无法理解。外向型的人更热情，并且更乐于表现他们的情感。如果外向型的孩子特别生气，高声尖叫，那不值得大惊小怪，父母完全不必感到不知所措。因为外向型激动得快，平静得也快。他们常常容易分散自己的注意力，抛开生气的念头。

内向型父母需要注意的是，不要过早地给孩子定性，认为他们太吵、太肤浅、太躁动或太野。不要跟孩子说大家都受不了他们，不要给孩子传递这样的感觉，而应该让他们对自己进行评估，这才是有益的做法。

对于爱静思的内向型父母来说，最大的一种挑战就是在与外向型孩子打交道时要忍受五彩缤纷的生活。为此他们有时不得不离开自己的舒适环境。

内省区：我的孩子比我更外向吗？

以下反思问题将为你提供线索，看看你的孩子是否比你更外向。

- 我的孩子比我大声吗？
- 他们需要比我更多的多样性吗？
- 我是否更频繁地尝试"调低调慢"我的孩子？

如果你的孩子倾向于比你"大声"，请考虑如何更好地接受他们的天性。思考一下：

- 性格外向的孩子需要我做什么？

第 8 章

让雏鸟展翅高飞：发展孩子的自主性

第8章
让雏鸟展翅高飞：发展孩子的自主性

你现在知道了如何为孩子提供他所需要的家庭的温暖和牢固的亲情纽带。除此之外，孩子也有发展自己独特个性的动力，他天生对自主的需求会在这方面帮助他。这是我们的另一个向往：我们想征服世界并展示我们是谁，我们想展翅高飞。

孩子想自立于这个世界，这一愿望在反抗期里表现得最为明显。但是独立探索世界的需求很早就已经显现出来，婴儿身上就有天生的探索欲望。最晚在半岁的时候，宝宝就开始尝试分离了。他会远离自己的亲情联系人，爬来爬去探索周围的环境，或者想要自己做事情。

随着能力的提高，孩子自己做出决定的能力也越来越强。

到了十几岁的时候，孩子会为争取自己的自主权而斗争。比如，他们坚持要考轻便摩托车的驾驶执照，以便他们可以更自由地出行。为此，他们会去打工挣钱，或者在必要时不惜与父母发生争执。自主意味着好奇、发现、自己做出决定、克服困难，或以行动者的身份经历事情并承担自己的行动所带来的后果。也许你现在想："哇，这正是我想让自己的孩子做到的。"或者你还有些不放心，会问自己："这能行吗？我的孩子不会遇到不可预见的危险吧？"

自主性的发展过程与学习走路有些相似。不断的练习会扩大孩子活动的半径，但是在发展自主能力的时候，孩子需要信任亲情联系人，不管离开多远的距离，亲人仍会关注他。他需要父母的热心支持，父母既要为其提供自由空间，也要为其设定界限。

自由空间和界限

我们认为,父母可以使孩子独立。如果他们将以下两个(乍一看是矛盾的)原则结合在一起,就能让孩子展翅高飞:允许孩子有自由空间,也要为其设定界限。为什么这两个原则是相辅相成的?让我们仔细看看。你会看到每种自由都包含着界限:五岁的孩子可以有自己的剪刀,但前提是他不在衣服上剪洞。父母允许十四岁的孩子去舞厅,但前提是他要在晚上十点之前回到家。大多数母亲和父亲都坚持认为,蹒跚学步的孩子在繁忙的街道上走路时必须拉着他们的手。这个规则或限制为孩子提供了安全保障。到达公园或游乐场以后,孩子可以放开大人的手,尽情奔跑。这样做可以让孩子在安全范围内得到自己的自主经验。通过父母的清晰规则,孩子可以了解自己的发展空间。给孩子的限制就像游乐场周围的防护栅栏,是为了防止孩子跑到马路上,而栅栏之内孩子有很多可能。

家长们需要注意的是,自由和界限应该与孩子的年龄、能力和需要相匹配。自由空间太小会妨碍孩子独立。为了理解这一点,我们可以再次回想一下汉娜和乔纳斯的故事。孩子三岁了,他们还给他喂稀饭。由于心理性的吞咽障碍,埃里克至少在这个领域无法独立。

如果父母在执行规则方面摇摇摆摆,或者"毫无限制",对孩子说"你想干什么都行",这会使孩子感到不安,甚至导致他强烈要求得到限制。一个典型的例子是孩子开始骂人。经常有小学生从学校里听了骂人的

第8章
让雏鸟展翅高飞：发展孩子的自主性

话，回家里骂人，比如，说出类似"混蛋"的字眼，然后非常认真地观察父母对此的反应。如果家长没有及时发出"停止！我们不想在这里听到这种话"的信号，那孩子可能会学更恶劣的骂人话。

较小的孩子在淘气的时候，只是在等着看爸爸妈妈会说什么。

三岁的萨拉知道她不可以用蜡笔在墙纸上乱画，但她还是这么做了。手里握着红笔，在开始之前，她先看看爸爸，和他进行目光交流。她这是什么意思呢？萨拉希望家长给她的界限是恒定可靠的。一方面，她希望父亲介入；另一方面，她想试探自己的自主权，因为她正处于叛逆期，她想看看会发生什么。

题外话：叛逆期儿童的自主性

叛逆期可能从两岁持续到六岁，但是专家建议不要说"叛逆的时期"，而要说"想要自己做事情的时期"，因为"叛逆"一词会引人走上错误的思路。如果我们将某行为描述为叛逆，其暗含的意思是叛逆者用自己的行为跟另一个人对抗。对一个叛逆期的孩子表现出的愤怒和绝望，这种判断是不公道的，因为他们通常只是对自己的无能为力感到愤怒。

在叛逆期，孩子特别能感受到对独立的渴望。

他们只是想尝试一下自己的能力和想法，所以如果妈妈不允许他们实施自己的独立想法，他们可能会气得发抖和怒吼。一位妈妈讲道：

"我永远不会忘记三岁的儿子气愤地躺进脏水坑里的样子。那是十一月底，步行街已经挂起了圣诞灯饰。我想把他放进手推车里，这样我们才能更快地回家。结果他发作了。不一会儿，一群人聚集在我们周围，其中不乏有人友好地劝他，并向我提出'那就给小孩子他想要的东西'之类的养育建议。我尴尬得满头是汗。"

如果一个两三岁或三四岁的孩子发脾气，我们不能置之不理。我们面对的是情绪强烈的孩子——尖叫哭泣，乱踢乱打，甚至咬人。小孩子有时会失控，成人必须小心不要让他伤害自己或附近的人。有时候，他深深地陷入愤怒之中，爸爸妈妈根本无法接近。强烈的情绪会阻碍理性，在大人和小孩身上都是如此。如果孩子被怒气攫住，养育措施可能根本行不通。我们都见过这种情况，即使是成年人，在陷入强烈的情绪中时，也无法用"纯粹的理性"来对抗这种状态。边缘系统接管了我们的大脑，理性控制的大脑皮层只能在有限的范围内发挥作用。在大多数情况下，我们只能靠分散注意力或者等待，直到最强烈的怒气消退。只有当我们心平气和时，我们才能接受可能的解决方案。唯一有帮助的是等待，并尽可能地保持镇定，但这在某些情况下可能很难做到。

适应型父母：不要害怕孩子发脾气！

如果一个小人站在你面前，怒气大爆发，无法平静下来，这可能会

第 8 章
让雏鸟展翅高飞：发展孩子的自主性

带来很大的压力，对适应型的父母更是如此。他们一直与孩子很亲近，这种情况会让他们感到无助，甚至可能遭到孩子的拒绝。确实，发脾气可能会使人际关系疏离。与孩子的亲密关系这时会面临第一次"极限拉伸试验"。可爱的小家伙突然竭尽全力地坚持他的自主性，大叫道："可是我要！！！"适应型的、与孩子很亲近的父母会感到手足无措。在孩子身上，他们恰好遇到了他们所缺乏的东西：维护自己意志的能力。孩子察觉到自己发脾气吓到了爸爸妈妈。但是，根据孩子气质的不同，有些孩子会变本加厉。但基本上他只想要一件事：他发脾气时，爸爸妈妈应该忍受住。

这一发展步骤只有在父母不屈服时，才能得以完成。

孩子向父母展示了他拥有的所有力量："我想要与你不同的东西。"在亲子关系的层面上，孩子的行为对爸爸妈妈传递了一个重要的信息："现在，我们正面临着新的发展阶段。我们不能再像我小时候那样关系紧密了。"

我们大概都见过超市收款台的情景：一个路过"闹人区"（超市糖果区）的孩子，因为妈妈不想给他买巧克力棒而愤怒地在地上撒泼打滚。如果妈妈现在不坚持，那就像是给发脾气的孩子一个奖励。他会学到：如果我撒泼打滚，我就能得到我想要的。这增加了将来孩子做出类似行为的可能性。我们见过一些父母，他们因为担心孩子发脾气，把整个家庭生活都重新安排。他们的座右铭是"万不要发生这种事"，并因此随时随地满足孩子的每一个愿望。显然，家长无法满足孩子的所有愿望，有些愿望可能使孩子危害自己。尽管所有父母都清楚，应该引入并遵守某些规则，但现实中的情况是，对孩子非常依恋的父母往往听任孩子做很多事情，因为他们害怕失去孩子的爱，比如，孩子可以在睡觉前和刷牙后吃甜食。父母之所以这样做并不是因为他们相信晚间吃甜食是件好事，而是因为他们害怕孩子发怒。一方面，这是可以理解的，和谐的家庭生活确实比争吵更令人愉快，如果我们能跟孩子情投意合，确实有很多好处；另一方面，正是这种做法阻止了我们划定必要的界限。而过错在父母，因为他们不能忍受孩子的失望和愤怒。

我们可以向你保证：孩子们对设定的界限绝对可以忍受，即使他们强烈抗议。从长远来看，他们的发展要比从无界限教育中受益更多。

一些父母很难设定界限。尽管他们脑子里知道孩子是一个独立的人，但他们与孩子之间的距离不够。尤其是在孩子很小的时候，这种父母感觉与孩子的共生关系是正确的，并且非常好，尤其在一岁以前，婴儿靠近的是亲情的顶点。但是最晚在叛逆阶段开始时，就需要父母有设置界限的能力了。否则会出现我们对孩子不够信任的情况，以至于我们会过多地控制或过度保护孩子。如果你遇到这种情况，你应该练习让自己更多地脱离孩子，因为他有权享有自己的生活。哲学家和诗人纪伯伦非常诗意地指出了这一点：

第 8 章
让雏鸟展翅高飞：发展孩子的自主性

《你的孩子》

你的孩子，并不是你的孩子，

他们是生命对于自身渴望而诞生的孩子。

他们通过你来到这个世界，

却不是因你而来。

尽管他们与你同在，却不属于你。

你可以给予他们你的爱，

但不要给予他们你的想法，

因为他们有自己的想法。

……

接受我们是不同的人这一事实，我们才能在更深的层次上以负责任的态度履行我们作为母亲或父亲的角色，并使孩子变得独立。

如果你平时很难将自己与其他人或孩子分开，那么这首先意味着你与他人的感情太过亲密。从这个意义上说，适应型的父母常常共情太甚。他们与孩子的消极情绪产生强烈的共鸣，像感受自己的情感一样感觉到孩子的悲伤、愤怒和绝望。适应型的人不仅会强烈感受到他人的情感，还会过多地以为自己应该对此承担责任。因此他们想迅速帮助孩子摆脱或减轻糟糕的感觉。结果，他们可能会过多地减轻孩子的负担，过快地提供解决方案和安慰，这就会造成孩子的挫折耐受力太低。另外，孩子没有经历到自己解决问题的时刻，这可能会导致他们无法形成足够的自主性。

举一个例子：卢卡斯已经二十一岁，可他的母亲仍然为他预约所有的医生诊治时间。因为如果他友好地微笑着问她，她无法拒绝。儿子虽然永远不会承认，但是每当母亲心甘情愿地承担这项任务时，他就会暗中松一口气，因为他根本不知道该怎么做。他感到不自信。

适应型父母的阴影小孩通常对不安全感、绝望和遗弃感都非常了解，孩子的行为很容易引起他们的这些情绪。有时甚至很难区分哪种感觉属于他们，哪种感觉属于孩子。

在这种情况下，父母的童年创伤与孩子当前的情绪混合在一起。这时父母自己处于儿童水平，他们想快快地安慰他们（真正）的孩子，就相当于试图安慰自己的阴影小孩。这些都是无意识的过程，因此力量也更强大。卡拉的母亲米里亚姆就是这样。她学会了封闭所有悲伤的情绪，因此她无法应付哭泣的卡拉。一方面，她想："讨厌，为什么你还是哭个没完？"另一方面，她尽一切努力阻止哭泣：分散注意力，提供糖果，威胁，拥抱，责骂和走开。卡拉哭的时候，有时候屁股上还会挨一巴掌。

更好的做法可能是在孩子的感受和自己的感受之间划清界限。如果你能识别你的阴影小孩并作为内心的成年人承担起对它的责任，你就可以做到这一点。这使你可以以健康的方式跟自己孩子的现实保持距离，然后也可以在成年人的层面上为自己（真正）的孩子承担起责任。卡拉后来到了心理治疗师那儿寻求帮助。但是我们也能帮助自己，

第 8 章
让雏鸟展翅高飞：发展孩子的自主性

如果我们安慰我们的阴影小孩，并使自己意识到我们与孩子不是一体，而是两个独立的存在。以下练习将帮助你（在内部）结束与孩子的情感世界的融合。

适应型父母冒着将自己的情感强加给孩子的风险，或者像心理学家所说的那样，将其投射到孩子身上。

内省区：增强你的分离能力

如果你发现（与孩子的）情感世界混合得太多，你可以做这种简单而有效的练习。它可以帮助你将自己视为一个独立的人。

看着你的孩子，对自己说："我是我，你是你。"

你可以像咒语一样重复这句话。多念几遍，直到你感觉到自己的感觉正在改变，并且你又回到自己的频率和能量上。

自主型父母：请不要进行权力斗争！

自主型父母有被孩子的愤怒卷入权力斗争的风险。"我不会让你牵着鼻子走。"上文提到，自主型的父母从小就已经做出决定："从现在开始，我将缰绳握在自己手中。我来决定自己的生活。"他们心中的阴影小孩想把无助和无力的感觉拒之门外。因此，自主型的父母不会面对孩子发脾气而感到无助，反而更容易自己生起气来。怒气遇上怒气，当然不会有什么好事。恼怒和愤恨是所谓"热"的感觉，是发生争执的前奏。在这种情况下，自主型父母心中的阴影小孩会产生这样的想法和感受："让我们看看谁在这里说了算！"这会使情况迅速升级。毕竟，不管父母对孩子是骂是吼，还是动手打人，都不能使孩子平静下来。

戴上理解"眼镜"会立即奏效：你的愤怒将会消失。

如果自主型父母想要保持心情放松，那他们就要少跟别人划清界限，也就是说，他们应该训练适应型父母往往过分强调的能力——共情能力。适应型父母磨炼他们的分离能力，自主型父母应该练习共情能力。他们应该意识到，孩子发脾气通常不是因为权力斗争。相反，大多数情况下是因为孩子出于绝望和感到无助。如果我们通过孩子的眼睛看当时的情况，即进行视角转换的话，我们就可以理解他的愤怒。小玛丽（三岁半）开始大喊大叫，因为妈妈不允许她在超市里推购物车。妈妈禁止她这样做，因为她不希望玛丽意外地撞上其他顾客。这时，如果妈妈与孩子能换位思考，她会发现女儿的初衷是好的。她就不会再大包大揽，或坚持自己的主张，而只是为女儿的想法提供帮助和做出贡献，根本无须进行权力斗争。

充满爱的坚持

也许你现在在想：你们说了这么多，我到底该怎么办呢？是应该理

第 8 章
让雏鸟展翅高飞:发展孩子的自主性

解,还是应该划清界限?看起来有些自相矛盾。你说到点子上了。处理发脾气本身就是一门艺术:自主和亲情之间必须保持平衡。即使是最叛逆的孩子也想既有自己的主张又有归属感,同时感到自由和被爱。

孩子叛逆的时候,会高声尖叫"我……"。为了防止其进一步发展,他必须要体验"你"——坚持自己宣布的规则的父母。我们并不是说父母应该顽固地遵守所有已制定的规则。如果发现某条规则或限制毫无意义时,应该可以自由更改。当然,规则和禁令也应该随着孩子们的成长加以改变。

如果父母总是屈服,他们会让孩子迷茫,使他们无法获得重要的经历。

让我们再回想一下在超市里发脾气的玛丽:她撒泼打滚,因为妈妈不允许她推购物车。她的妈妈现在应该怎么做,才能既表现出坚定不移的关爱,又表现出充满爱的坚持?

既关爱又坚持:操作指南

这个练习将向你展示,孩子发脾气时,你如何能既保持爱心又坚定不移。我们知道没有万能的解决方案,因此,以下三个步骤旨在启发你,你可以加以改良,以适应自己和孩子的情况。

1. 无言的桥梁:妈妈要设法接近玛丽,她的视线应该跟孩子平齐。她可以弯下腰,或视情况而定坐到地上。第一步是建立一座无言的桥梁。

还可以尝试进行目光交流或身体接触。如果孩子非常生气,他根本无法感知我们。我们必须设法不用语言,而只通过身体的靠近与他建立联系。

2. 认可孩子的感受和需求:妈妈可以试着将女儿的感受和自主性需求用语言表达出来,从而发出信号:"我正在努力理解你。"妈妈可以说:"现在,你失望了,因为你不能自己推车。我知道你是想帮我。"这么说就给妈妈创造了一个很好的机会,使女儿感到自己被正确地理解了,她会稍微平静下来。然后妈妈可以提出一个合作建议:"你知道吗?你可以帮我找找面粉在哪儿。"这种办法不一定都奏效。有时孩子不愿意合作,那么我们只能回到无言的桥梁上——陪伴、坚持。第一步和第二步的核心都是共情能力和理解。

3. 坚定不移:妈妈不应该推翻自己立下的规则。如果她现在说:"好吧,那你就推一下车吧!"玛丽就会学到,只要她撒泼打滚,妈妈就会允许她做她想做的事情,而这正是导致孩子没有安全感的原因。玛丽会不自觉地问自己,妈妈嘴上说的跟她心里想的一样吗?下次她遇到机会很可能会再测试一下。因此,请坚持你提出的合作提议,让孩子找面粉或一起推车(或你能想到的其他方法)。

当然,并非所有发脾气的情况都是一样的,我们不可能找到标准的解决方案。因此我们列出了一些建议,在孩子发脾气时也许会对你有所帮助。

第8章
让雏鸟展翅高飞：发展孩子的自主性

一些建议

◇分散注意力：这种方法有时候效果很好。"看那条大狗。天啊，它好大啊！"如果孩子看狗，那我们已经打断了他的怒气，他的情绪会发生变化。当孩子发怒时，他像是与外界隔绝了，只能感知到自己和怒气。分散注意力的做法就好像在他的感知之中安置了一个分离器或一个中断器，帮孩子找到进入另一种情绪状态的途径。

◇幽默：采用这种办法需要我们和孩子一起笑，而不是嘲笑孩子。比如，我们可以自己假装发脾气、跺脚，然后笑着说："这很蠢，蠢、蠢、蠢。"也许我们可以用这种方法让孩子也笑起来，然后愤怒就烟消云散了。

◇自我披露：这意味着表白自己现在的心情。比如，你可以说："你在步行街中间滚来滚去，好多人都在看。我觉得好尴尬。我不知道如何才能让你平静下来。我只能在这儿看着你闹了。真的很烦人。"自我披露很可能无法传达给孩子。但是，通过说出我们的感受，我们可以放松自己，至少不会一气之下打孩子耳光。

自主型父母和限制

当自主型父母应该遵守规章制度时，他们经常会感到条件反射式的抵触情绪。他们的阴影小孩马上就会感到受人辖制，甚至有的家长出于内心的抵触，不愿准时送孩子上幼儿园。他们的阴影小孩觉得接送时间是一种束缚，结果，自主型父母常常太晚送孩子上幼儿园。这甚至不是故意的，反抗行为常常是在不知不觉中进行的。时间没有安排好，耽搁了，被别人绊住了或拖拖拉拉。老师很生气，因为他们必须在游戏中间出来开门，而其他孩子已经开始游戏，不欢迎新人加入。

如果你在这段描述里认出自己，那么你可能会感到内疚，因为你其实没想给孩子造成压力。因此，请你尽量注意，不要让你的阴影小孩掌握"领导权"，而是要让你的内在成人把握主动权。也许你可以从内在成人的角度来给自己提个问题，问问自己对规则和准则的看法是怎样的，哪些信念缠绕在"规定"这个主题上。你可能会发现诸如"规则限制我"或"规则有待打破"之类的信念。

为了避免造成误解，我们必须解释一下：我们并不认为你应该接受每一个规则，如果它是荒谬的。通常只有条件反射式的反叛情绪是由阴影小孩导致的。因此，请一再提醒自己，今天你已经长大了，可以自由做出决定了。

如果自主型父母认为规则正确，那么他们比适应型父母更容易提出和实施限制。通过这种方式，他们使孩子得到重要的学习经验，使孩子学会自我控制。研究表明，孩子在一岁至三岁之间得到合理的限制，两年后在幼儿园里他可以更好地等待，直到得到奖励。如果爸爸对幼儿始终不变地说"不，你不能玩我的笔记本电脑，这是我工作用的"，等孩子上幼儿园以后，他可以更有耐心地等待老师分发甜点。应该强

第8章
让雏鸟展翅高飞：发展孩子的自主性

调的是，在这项研究中，父母并没有任意强加限制，而是合理地划出界限。

最晚到成年时，我们的孩子就必须对自己的生活负责，知道应该遵守哪些规则。在此过程中，我们做父母的不仅是遵守规则、法规和法律的榜样，而且还必须坚持让孩子遵守某些规则。我们对自己采取的态度越了解，就越容易做到这一点。关键是我们要用一种自信的态度面对必须遵守的规则，既不必以适应—恐惧的方式对每个规定唯唯诺诺，也不必以自主—叛逆的方式违抗每条律令。

不给孩子自主权——来自阴影小孩的障碍

我们能否赋予孩子自主权与我们自己的过去有很大关系。我们的父母曾经对我们争取自治的行为做出过何种反应？我们可以展翅飞翔，还是总被叫回去？他们是鼓励我们走自己的路，还是要求我们必须留在既定的轨道内？随着孩子活动的自由度增大，我们将不得不审视自己的成长历史。我们自己发展成为自信的人了吗？能放手让孩子在正确的时间节点上走上自己的道路吗？我们是与他生活在一起，还是依靠他生活？

适应型父母有时与孩子有着共生关系，对孩子难以放手。他们往往过度保护孩子，溺爱孩子。此外，他们非常强调亲情依恋，可能难以给予孩子自由空间,他们担心儿女会离他们太远。适应型父母往往会把儿女看得比他们实际年龄小。他们批评和监督他们,有时过度保护他们。简而言之:他们给予孩子的自主权太少。

而自主型父母有时会忽略孩子的亲情需求。为了维护自己的自主权,他们可能会对孩子过早放手,孩子早早地就被迫开始独立,承担他还承担不了的任务。在自主型父母的感知中,孩子比他们实际上更成熟。因此他们有时过早地给予孩子过多的自主权。

不健康的早期自主的一种极端情况是父母和孩子调换角色,即父母角色倒错。

"我愿为你付出一切":溺爱

卡嘉(四十岁)谈论自己和儿子米歇尔(八岁)的关系时这样说:"米歇尔是我天上的星。我愿为他付出一切。所以我认为,在课间休息时将他忘在家里的饭给他送去很正常。我不明白为什么老师会那么激动。"几乎所有的父母对孩子都怀有强烈的爱意,无微不至的照顾也适合很小的孩子。然而,照顾也可能会过度,孩子可能会被太多的爱淹没。老师想要米歇尔学会承担责任,并从自己的行动后果中学到新东西。如果他忘记了饭,就必须在课间休息时饿着肚子坐在那里,或请求朋友分给他一些面包。如果卡嘉一次又一次介入,米歇尔将相信,这些事他妈妈会替他办。对于年幼的孩子,家长可能是送饭,对

第 8 章
让雏鸟展翅高飞：发展孩子的自主性

于大一些的孩子，还有其他溺爱的形式。有些父母宁可负债，也要为孩子购买分辨率最高的电子产品。还有些妈妈因为在超市找不到女儿喜欢的比萨而感到恐慌。同时，他们又都抱怨："我的孩子给宠坏了。"在这样说的时候，他们忽略了一个事实，那就是肯定要有"宠爱者"，孩子才会被宠坏。被宠坏的孩子一定有溺爱他们的父母，而这后面发挥作用的是父母的阴影小孩。他非常需要亲密关系，以至于父母回避与孩子的冲突，不敢拒绝孩子。他们与孩子融为一体，以至于再也无法划清界限。在任何情况下都想要取悦孩子并给他们一切，这一倾向往往是由"我不讨人喜欢"的信念驱动的。父母竭尽所能，让自己显得可爱。

溺爱孩子的人（下意识地）担心自己没人爱——甚至孩子也可能不爱他们。通过溺爱，他们想要消除那些自以为有的缺陷。

内省区：适度

如果我们的阴影小孩把握了方向盘，有时我们甚至无法知道什么是真实的。因此，请尝试描述你孩子的真实样子。问问你自己：

- 根据孩子的年龄，他可以做什么？
- 你相信他能做什么？
- 零用钱最多应该是多少？
- 给他哪些礼物合适？哪些礼物有些夸张？

有时，与其他父母讨论一下，问问他们认为什么是溺爱，什么是适度的爱，这会对你有所帮助。

那些总是屈服、没有界限的人，在亲子关系中造成了权力真空，孩子不得不承担责任。他好像当上了发号施令的小皇帝，但也处于矛盾的境地。一方面，他可能会喜欢成为关注的焦点；另一方面，他却没有学会处理挫折感，在以后的生活中他将难以应对他人提出的要求，面对艰难的情况也很难咬牙坚持。另外，如果父母能从孩子的眼中读出每个愿望并加以满足，孩子怎么能学会对自己和生活负责呢？

区分溺爱和亲情并不是那么容易的。做点儿让孩子开心的事也是我们爱的表达，我们想给他们带来欢乐，想展示他们在我们眼中很有价值。但这绝不能过分，因为那样一来，我们自己以及我们的孩子就会变得麻木。比如，如果我们在暑假结束时和孩子一起再去吃个冰激凌，那是一种极大的乐趣。如果冰激凌随叫随到，那也就不稀罕了。

如果你发现自己从孩子的眼中读出了他所有的愿望，并为他消除了所有的障碍，请记住，这种倾向来自你的阴影小孩。请对自己提这个问题：你小时候在哪里缺少宠爱和呵护？通过之前"内省区：治愈你的阴影小孩"中的练习，使你的阴影小孩感到安慰。想象一下，以成人的姿态给自己的内在孩子提供所有他缺乏的东西。

下一节我们还将继续讲到适度。那里我们关注的问题是：对孩子的控制在什么程度才合适，哪些地方我们过分控制了？

第8章
让雏鸟展翅高飞：发展孩子的自主性

"我在盯着你"："直升机型"父母

马丁（四十九岁）讲述道："我在女儿的手机上安装了一个追踪软件。这样，我们就能随时知道她在哪里。"越来越多的父母经常监视孩子，如用所谓的保姆摄像头。这是一种小型的、隐蔽的微型相机，用于检查保姆是在认真工作，还是在接待自己的男朋友，或者把家里的酒柜洗劫一空。当然这种摄像机也可以监视孩子。有些手机应用程序可以用来观察家里的情况，也可以听到家里的声音。在极端情况下，总是想知道孩子在做什么的愿望驱使父母在孩子的房间里安装监控设备。这些做法都源于夸大的对亲情的需求，以及对可能发生什么事情的担心。因此，我们在这里主要谈一谈监视的问题。

监视就是控制。"直升机型"父母与孩子很亲近，并且知道他们日常生活中每一个细节。大多数时候，他们不知道自己的行为正在向孩子传达致命的信息："我不相信你会没事的。我担心你自己无法完成任务。我宁愿在你身后盯着，这样更安全。"当然，这些信念不在父母的意识中。他们觉得孩子告诉自己每天的所作所为是很正常的。但是，孩子不再有自由空间。如果我们从孩子自己的视角看待监视，我们就可以体会到，过度的观察对孩子的自我价值感有多大影响。

首先明确一点，小孩六岁的时候就可以换位思考。这时，他的共情能力已经发展到可以通过对方的眼睛看自己。正是从这个年龄起，孩子开始感觉到自己为群体的幸福感负有责任。比如，他会在幼儿园或学校积极维护规则。他也可以将自己放在父母的角度上，通过父母的眼睛来看自己。比如，如果他和这个或那个朋友约会见面，他知道妈妈可能会如何想。如果把好的或坏的分数带回家，他也知道爸爸的想法和感受。他也很清楚父母对他行为的评价："妈妈不喜欢我和丽莎在一起，因为她认为与丽莎交往对我不好。""当我拿着不及格的分数回家时，爸爸很沮丧，因为他想要我得全班第一。"

对于"直升机型"的父母来说，他们的许多恐惧源于他们在后台工作的阴影小孩。妈妈害怕孩子交坏朋友，因为她的阴影小孩相信："人无法抵御坏的影响。"爸爸希望孩子在班级里考最高分，因为他的阴影小孩总是在想："千万别成为失败者。"孩子可以感觉到家长对他的判断。因为他爱他们，不想让他们担心。但与此同时，孩子也感到父母的担心与他没有什么关系。也许他知道，朋友身上有些不讨人喜欢的地方，但他可以轻松地跟这些方面划清界限。或他知道自己在学校完全跟得上，总想得第一名的想法实在太夸张了。

但是由于这个年龄段的孩子不能像二十岁的年轻人一样，与父母划分清晰的界限，他会在内心里同时并存着这两种判断。形象地讲，就好像孩子散步时，头顶上总跟着父母的评价那架直升机。孩子对自己说："如果我跟那个朋友见面，我的父母会不高兴。"然后他会自动问自己："我是照他们说的做呢，还是我跟朋友见面，管它惹出什么麻烦呢？"既要权衡自己的需求，又要顾及父母的评价和恐惧，这种困惑和分裂的现象将伴随孩子一生。孩子不再仅仅是自己，而总是通过父母的眼

第 8 章
让雏鸟展翅高飞：发展孩子的自主性

睛来观察自己。他不能再无忧无虑地做自己，因为他必须把父母也考虑在内。

这种过度监控的需求很可能来自直升机型父母的阴影小孩，甚至可能是因为他们从小，也许还是婴儿时就学习到世界不是一个可靠的地方。他们无法建立起基本的信任，所以他们现在也无法信任自己的孩子。过度看护型的父母经常为孩子担惊受怕。结果是，他们有时无法与孩子保持足够的距离。

内省区：抵御过多监控

你是否也是一个想全天候监控孩子的家长？那让我们来给你提两个建议，来帮你停止这样做。

转向你的阴影小孩。问问他，他的控制需求从何而来。你可能会遇到一些记忆，比如，小时候没有安全感，或没有得到充分保护。与你的阴影小孩交谈，并按照"内省区：治愈你的阴影小孩"中的步骤安慰他。

第二个建议与现在有关：把你的注意力从你的孩子身上转移开，使你自己"再次变得有趣"。找到一个可以发挥你的技能的领域，比如，当志愿者或培养某种业余爱好。我们知道，这句话可能有些冒犯，请原谅。但是你知道我们的意思。如果你自己对某件事感到兴奋，就会减少对孩子的担心，从而使你们的关系保持必要的距离。

"最好待在我身边":过度看护

对孩子过度看护是在向他发出"我不信任你"的信号,并阻断他的独立之路。但是什么情况是过度看护呢?当父母替孩子承担他可以独立完成的任务时,过度看护就暴露出来了。比如,家长不鼓励和不指导孩子用刀切面包,而是说:"来,把刀给我,它太锋利了。你可能会受伤。"几乎所有父母都会为孩子担心。我们像保护自己的眼睛一样守护着孩子,关注他的安全和健康。不幸的是,过度看护也是我们时代的趋势。当我们(作者)还是孩子时,我们独自去上幼儿园和学校,两个地方离家都不算太近,但在我们那个时代很正常。在去上学的路上,有时我们还会打上一仗——大孩子总喜欢招惹小孩子。福萨调查显示,在二十世纪七十年代,百分之九十的小学生独自上学,而在2012年,一半的小学生是乘"妈妈出租车"上学的。从许多方面看,独自上学都有好处。孩子到学校时头脑更清醒,他们有时间在上学路上与朋友交谈。另外,他们对自己的自主性的信心会随之增加。

在街道和人行道上玩耍的情况也有所减少。在2000年,德国只有大约一半儿童使用交通区域进行游戏和体育运动。当然,这种变化也与生活条件的改变有关。因为是否允许儿童在户外玩耍,首先取决于其父母认为交通道路有多"危险"。父母认为人流密集的道路很危险,这意味着,拥挤的街道使孩子们在户外玩耍的次数越来越少,也导致他们的父母自动地对其进行更多的观察和控制。真正的自由空间变得

第8章
让雏鸟展翅高飞：发展孩子的自主性

越来越少，这又助长了直升机型父母的出现。

但是，我们建议你不要让这种情况发生。发挥创造力，并为你的孩子提供适合他们生活状况的新自由。比如，在拥挤的城市，有许多体育和休闲课程。如果你不一直坐在旁边的板凳上盯着他们，你的孩子也可以在这里锻炼自主性。许多房屋还有后院，你的孩子可以在那里安全地玩耍。如果孩子上小学时要过一条马路，你仍然可以创造条件，让孩子独自去学校。

父母过度保护孩子，通常是受到恐惧的驱使。只要恐惧存在，我们就会倾向于过度保护。因此，如果想停止这样做，我们首先要做的就是面对自己的恐惧。

"你可不能出事"：父母的恐惧

今天的父母有一种主观的感觉：世界对儿童而言变得更加不安全。他们担心孩子会遭到霸凌，或成为青少年暴力行为的受害者，或者担心上学路太危险。统计数字并不能证明家长的观点。比如，针对儿童和青少年的性暴力通常发生在他们周围的环境中，即家人和朋友中，遭到陌生犯罪者的袭击往往是例外情况。导致儿童死亡的交通事故数量也有所减少。但是，一项有代表性的调查仍然显示，父母中有百分之七十的人认为，对儿童来说环境的安全性降低了。结果是，由于主观上的恐惧感，许多父母过多地限制了孩子的自由。

给雏鸟温暖的巢

真正的幸福

有个富人请一位禅宗大师写一句祝福语,好给家人带来幸福。这位禅宗大师让人拿来一张大纸,写道:"父死,子死,孙死。"富人读了这句话很生气,他说:"你不应该为我写这种丧气的话,我要的是会带来福气的话。"禅师回答:"如果你的儿子在你之前死去,将会给你的家庭带来极大的痛苦。如果你的孙子在你的儿子之前死去,那也会导致深深的悲痛。如果一个家庭里一代又一代人都以正确的顺序离开这个世界,那才是真正的幸福。"

父母担心孩子可能会发生什么事情,其实也就是害怕他们会死在我们前面。尽管这种感觉像是背景噪音一样一直伴随着我们为人父母的岁月,但我们很少谈论它。也许是因为我们恐惧,因为我们知道它会压倒一切,会摧毁我们。跟我们关系很好的一位妈妈曾经讲过:"我经常说,我可以忍受任何事情,甚至是像癌症这样严重的疾病。但是,如果我的孩子们发生了什么,那会让我心碎。"我们衷心希望孩子们能比我们活得更加长久。

如何消除父母的这种恐惧,我们也没有简单的解决方案。我们也完全理解,这种恐惧总是伴随着父亲和母亲,毕竟,我们对孩子负有责任。即使他们长大了,这种责任也不会停止。孩子可能生病、受到伤害甚至死亡,这种威胁性的恐惧我们无法一挥即去。但是我们可以很勇敢地承认它的存在,正视它,面对它。这样至少可以避免它突然从身后

第8章
让雏鸟展翅高飞：发展孩子的自主性

向我们发动袭击。如果我们出于恐惧不允许孩子在这个世界上自由舒展，他们最终将不会信任自己，我们就阻断了他们走向独立的道路。

内省区：担心孩子

我们在这里并不是要消除恐惧，我们根本无法做到这一点。这些练习是邀请你面对恐惧。在许多童话故事和神话中，主人公都必须面对自己的恐惧。重要的是直视怪物——恐惧——的眼睛。

我对孩子的担心有多强烈？从0（完全不担心）到100（我担心得要死）。凭直觉在下面的数轴上画个叉。另外，有时候我们对一个孩子比对另一个更担心。如果你有两个或多个孩子，则每个孩子的叉可能在不同的位置。

为了让你理解这个问题，我们以艾伦为例。艾伦是十六岁的安娜的母亲。现在，安娜有了她的第一个真正的男朋友，正在热恋。艾伦为安娜感到担心。如果男朋友伤害了她怎么办？如果他们发生性关系怎么办？安娜还没有准备好。噢，天哪，如果安娜怀孕了怎么办？

艾伦在75%的地方画了叉。

0% ——————————————×——— 100%

问题：什么滋养了我的恐惧感？

你的百分比是如何产生的？你也可以写下答案。

艾伦鼓起勇气，面对她的恐惧。她把所有东西都写下来了：安娜可能会不开心。她可能会怀孕、秘密堕胎并因此发生血液中毒……只有写下所有恐惧之后，她才意识到这些与她自己的过去有很大关系。艾伦在十几岁的时候感到非常不自信。有个男孩对她感兴趣，她立即就和他上了床。第一次感觉很不好，事后她又害怕怀孕。

问题：什么使我感到放心？

为什么我的担心还没达到100%？还差的那部分是如何产生的？

艾伦写道："安娜是一个自信的女孩。她知道自己想要什么，比我那时要好得多。她也有很多启蒙知识。她会坚持要求男友使用避孕套的。"

问题：我的结论是什么？

就像前面所说的那样，练习的目的不是要消除恐惧。通过练习，担心的感觉可能会减少，但也不是肯定会发生。

对于艾伦来说，恐惧感有所降低。她现在将其放置在50%的位置。另外，有一点对她来说变得很清楚了：她想和女儿谈一谈。

信任生命

为了抵御恐惧，我们需要在生活中保持健康的乐观态度。"没有过

第8章
让雏鸟展翅高飞：发展孩子的自主性

不去的坎"，老一辈人的生活智慧可以赋予我们应对恐惧的力量。对生命的原始信任是我们的韧性——在不利的生活状况下的抗压能力——的一部分。我们是否可以唤醒这种能力，也取决于我们的亲情经验。如果我们在生命的最初几年中，与父母一起生活时获得了深厚的原始信任，那么我们一生都将会保有它。这种信任也会延伸，让我们相信，我们的孩子是安全的。

拥有原始信任的人倾向于有这样的信念：他们自己以及他们的儿女"无论如何都肯定会顺顺当当的"。与没有原始信任的人相比，他们在世界上感到更安全。但是那些没有原始信任的人怎么办？我们不得不承认，他们的日子会难过一些。但是，在以后的生活中建立起原始信任也并非不可能。你可以为自己创建一本小型成功传记，回想自己迄今为止的生活中的亮点以及你应该感恩的事情，从而滋养你的原始信任。下一个"内省区"将帮助你寻找你的成功之处。

内省区：恐惧解毒药

以下问题可以帮你找出你的成功时刻，从而对生活充满信心。这些时刻不仅包含那些大的成功，比如，通过一次考试，而且也包括微小的事情，比如，你烤了一个全家都赞不绝口的苹果蛋糕，或者与孩子们搭起了一顶帐篷。或许这些更符合美国思想家拉尔夫·沃尔多·爱默生对成功的定义："生活中取得成功意味着笑口常开；赢得智者的尊重和孩子的热爱；获得正直的评论家的赞赏，并承受住虚假朋友的出卖；欣赏美的事物，发掘别人的优点；留给世界一些美好，无论是一个健康的孩子、一个精心耕作的小花园，还是对改善社会现状做出一点儿小贡献；知道至少一个人因你的存在而过得更轻松自在——这就意味着你没有白来这个世界。"

- 我已经获得了哪些良好的经验？
- 我为什么感到骄傲？我要感谢什么？
- 我一生中已经克服了哪些障碍？
- 我一生中哪些事情出乎意料地顺利？
- 哪些巧合对我有好处？
- 我得到了什么？
- 哪些人支持过我？我有哪些帮手？
- 我帮助过谁？
- 作为母亲或父亲，我哪些地方做得不错？
- 我的孩子的长处是什么？
- 我在哪些方面可以信任他们？
- 在他们健康成长的过程中，我做出了哪些贡献？

我们成功传记中的宝藏帮助我们保持内心的力量，使我们在面对烦恼时不会裹足不前，而是知道"我可以做些什么来抵御它"。

第8章
让雏鸟展翅高飞：发展孩子的自主性

但是，如果我们把小孩子当大孩子对待，过早地、过猛地促使他们开始自主，那会发生什么呢？

"你能行"：苛求的自主

自主型父母小时候常常会感到受到管辖和限制，成年之后往往会对自由抱有极大的渴望。他们有时会想象自己的孩子比实际年龄大。如果还用鸟巢打比方的话，可以说他们将孩子过早地推出了家门。他们将孩子推向独立，常常是（大部分是无意识地）希望自己的生活重获自由。身为父母，如果内心深信"我只有等你长大了才能重获自由"，那他们将总是处于压力之下，想让孩子快快长大。这些父母的阴影小孩身上，亲情和自主无法实现平衡，自由和天伦之乐似乎是相互矛盾的。他们要么感到自由，要么觉得自己有归属感。

如果你发现自己也是这种情况，那么从一开始你就应该仔细想想，自己有可能享受哪些微小的"自由时刻"，想一想什么可以帮助你"尽管有孩子"也能自由自在。

也许你还记得卡琳娜和汤姆，为了兼顾繁忙的工作和两个孩子，他们忽略了孩子的亲情需求，认为他们可以承受更多的自主。卡琳娜和汤姆并非个案。恶劣的社会大环境，比如，雇佣关系不稳定、托儿服务缺乏、频繁的出差以及无限的加班，所有这些都导致许多家庭的日程安排必须要"精打细算"。孩子们必须发挥作用，否则，这个环环相扣的复杂系统将会崩溃。单亲父母更是人人都可以告诉你,他们的时间必须安排得多么紧凑。

就像上文提到的"直升机父母"有增多的趋势一样,也有一种想将孩子尽早赶出巢穴的趋势。如果父母只关心自己的事业腾飞,那么亲子关系有时会失衡,偏向于过多的自主。

社会学家蒂尔曼·阿勒特指出,早日独立已经成为养育子女的理想,父母们不能接受孩子在发展时期出现停滞或者倒退。"继续,继续。快点儿,再快点儿。"我们经常这样催促孩子,而忽略了他们的成长自有其进程。别忘了,拔苗助长会适得其反。

"你是领导":过度参与决策

绝对应该让孩子也参与决策。但是,这也应该遵循孩子的成长规律,才能让他们知道自己能做什么事情和能做出哪些决定。比如,萨布丽娜对她的儿子利奥(四岁)说:"利奥宝贝,请告诉我们,周末是不是应该去看看奶奶?"利奥很可能完全不知所措。孩子年龄越大,他们在决策中的发言权就越大。但是,四岁的利奥还太小,无法为自己和妈妈做周末计划。他甚至都不知道周末是多长时间,去奶奶家有多远,以及奶奶是不是希望他们来访。很明显,这需要妈妈做决定。

有些父母把本该自己做的决定交给孩子去做,他们可能从小就多次经历过父母不经过他们同意就做出决定的情况。在他们自己的阴影小

第 8 章
让雏鸟展翅高飞：发展孩子的自主性

孩中，这种信念根深蒂固："我的意见不重要。"因此他们做出决定："这种事不能发生在我的孩子身上。他应该从一开始就感到自己很重要。"另一种可能性是，父母让孩子做决定是为了避免冲突，或者因为他们自己不自信。在所有这些情况下，乍一看似乎他们对孩子有特别高的信心——但实际上，他们只是不想受到自己的童年忧虑和阴影小孩的打扰。

多大程度的参与是正确的？自二十世纪六十年代以来，社会学家们观察到养育观念的变化，大家对儿童参与决策的看法也随之而变。"谈判型家庭"——凡事一起商量一起做的这种模式，得到越来越多人的接受。与之相反的是，"命令型家庭"——也就是那些无论孩子多大年纪，都是父母说了算的家庭——越来越少。

在调查中，年轻人表示，对他们受到的比较自由的养育感到满意。他们中有将近四分之三的人表示，会用自己接受的养育方法来养育孩子。

因此总的来说，让你的孩子参与决策是好的。但不要像利奥的妈妈那样忽视孩子发展过程中的限制。即使孩子可能会在短期内享受给予他们的重视，但他们还是想做孩子。也就是说，成年人应该确定方向或至少给出框架，仍然应该承担责任。如果孩子看到关系的错位，会说："这你应该知道，你才是妈妈/爸爸。"这是一种健康的反应，可以明确家庭内角色的划分。

内省区：清楚的角色划分

不要让你的孩子做出小孩无法做出的决定。这样做对他要求太高了。为了判断孩子可以做出哪些决定或者哪种情况对他来说要求太高，你需要明确角色的划分。通过以下练习你可以做到这一点。

在内心里告诉自己："我是母亲／父亲，而你是孩子。"

这使你意识到，作为父母，尽管努力跟孩子做朋友、当伙伴，但你仍应承担责任。

孩子需要一个可以放松的安全的庇护所。当孩子和父母之间的角色倒错时，这个庇护所就受到了攻击。

"我受不了了"：拒绝承担责任

几乎所有的父母都有过这种需求：希望能摆脱养儿育女的繁杂工作，休息一下，最好是把门一关，再见。希望有那么几小时，不需要考虑家里的千头万绪，不需要承担责任。有这种想法是完全正常的。如果你允许自己休息一下，好重新获得力量，那也不是坏事。但是，如果父母彻头彻尾拒绝承担责任，那对孩子来说就有点儿难了。伊莎记得："我母亲的口头禅是：'哦，我怎么知道怎么办？'"小时候，伊莎总是觉得，自己必须尽一切努力以免加重妈妈的负担。当孩子总是接收到这样的信息："你可真累人。"他常常会变得小心翼翼，开始踮着脚走路。他会尽一切努力让爸爸妈妈不会感到负担过重。尤其

第8章
让雏鸟展翅高飞：发展孩子的自主性

是年幼的孩子，与父母的情感世界紧密相连。他不会想"妈妈/爸爸现在事情太多"，而是觉得他要为父母的心态负责。这使亲子关系处于不平衡状态。因为大人（暂时）不承担责任，所以孩子承担的责任过多，这对于孩子就没有好处了。七岁时，伊莎每天一大早就起床收拾屋子。她认为："如果一切都整整齐齐，妈妈就会感觉好些。"她的想法没有实现。妈妈真正需要的是与自己的阴影小孩打交道，这样她才会感觉好些，才会减轻压力。无论家里多么整洁，伊莎的妈妈都像以前一样感到不堪重负，这使孩子感到无比失望。

如果经常发生孩子给父母出主意甚至照顾父母的情况，那就是发生了父母身份倒错，即父母与子女关系中的（永久）角色逆转。

如果父母不时发出压力山大的信号，甚至拒绝承担养育责任，那么孩子就要承担责任，并承担起父母的角色。这种角色的扭曲是在不知不觉中发生的。往往是那些自主型父母承受不住压力，对于他们来说，与家人不断地"保持联系"已经意味着要付出更大的努力。如果他们在较长一段时间内忽视了自己的自主需求，就会感到浑身上下都受到了束缚，有时可能还会逃跑。

你是不是也想过撂挑子不干了？你的答案肯定是："是的，我也想过。"不管你将自己归为自主型还是适应型。请记住：这是正常现象。如果你及时意识到你的逃跑欲望，那很好。这样你还可以及时满足自己对于休息和减负的需求。认真对待这个想法，让自己偶尔放放风，暂时忘却所有的家中琐事。

内省区：当孩子承担起责任时

1. 仔细考虑一下，你的儿子或女儿根据他们的年龄可以做什么。

家长在这一点上通常有点儿为难，这确实不容易判定。我可以放心地让我的孩子做什么？按他的年龄他可以适当地承担哪些职责？哪些要求是过分的？如果父母一切都越俎代庖，那么孩子就无法证明自己。结果将是孩子的自我价值感和生活技能都会受到影响。反之，如果父母对他们要求太高，不符合他们的年龄，也会对他们造成心理上的影响。试着搞清楚：根据年龄，我的儿子或女儿能很好地应对哪些任务和职责？我在什么地方可能会对他/她提出过高的要求？

2. 过高要求孩子的原因通常是过高要求了自己：如果你真的感到对自己要求过高，无力支撑下去，请考虑可以在哪里和从谁那里获得帮助。特别是单亲父母，他们往往得不到太多的社会支持，因此必须更积极地寻求支持。

如果你想不出任何可以支持你的人，那么你需要马上着手建立网络。在许多城市有妈妈咖啡馆或单亲聚会，它们可以成为很好的联络点。有时，母子疗养也是一种选择，可以让人松口气，恢复体力。

对于孩子来说，既不被看得太大也不被看得太小是最好的。这样他们的羽翼可以渐渐丰满，可以准备第一次飞行。父母则要鼓励孩子学会自主，成为他们的飞行教练。

第 8 章
让雏鸟展翅高飞：发展孩子的自主性

力量的源泉：信任与鼓励

孩子只有在我们信任他们的情况下才能发展自主性，甚至可以夸张地说，只有我们期望他们有所作为，他们才能变得独立。完成任务（尤其是棘手的任务）的人，会从中变得更强大。比如，我们信任孩子，认为他可以在下午放学后独自去找朋友玩，而不需要我们送他去，这肯定会巩固他的自我价值感。十几岁的孩子会抱怨家长让他们自己洗衣服，但这会训练他们的生活能力。重要的是，家长要关注孩子能力的发展，既不应该让他感到要求太简单，也不应该让他负担过重。比如，卡特琳想做煎饼，但缺两个鸡蛋。她让女儿莉莉（五岁）拿着装鸡蛋的空纸盒到邻居那里去借。过了一会儿女孩高兴地回来了。邻居不仅愉快地借给她两个鸡蛋，还给了她一小袋小熊糖。现在莉莉可以和妈妈一起做煎饼了。卡特琳预计莉莉能够很好地完成借鸡蛋这个小任务，她的女儿也从中增长了本领。如果换成让她去超市买鸡蛋，对于五岁的孩子来说，路程就太远而且太危险了。

成功地应对挑战的经验使我们感知到自己的能力，心理学家称其为自我效能感。

自我效能感意味着我们坚信自己可以有所作为，体会到自己不是受制于生活和人际关系，而是能够进行干预，共同塑造和控制它们，这会增强我们的自我价值感。如果孩子经常体验到自己可以做成一件事，这种成就感就会凝聚成一种内心的信念："我可以达到某种效果"或

"我能做到我打算做的事情"。这就是自我效能预期。对自己预期高的人会认为自己可以有所作为，并为世界做出贡献。牢固的自我效能预期也有助于我们保持毅力，也就是说，更持久地追求目标，不怕挫折，因为我们相信自己能够成功。因此，我们交给孩子任务，让他们（付出努力）去成功完成任务，就会增强他们的自我效能感和自我价值感。孩子们可以感到，我们是信任他们能够完成任务，还是在提心吊胆地观察他们："他能行吗？他做得到吗？"

尤其是当孩子面对一些棘手的任务时，比如，他正为和全班一起登台演出而感到紧张时，我们最好不要用自己的阴影小孩的恐惧去困扰他，因为此时他需要的是我们的信任。我们应该通过鼓励来支持孩子。好的鼓励里没有隐藏的计划，也不是为了实现某个目标。当我告诉怯场的孩子："我知道你很紧张。但是我也知道，昨天你的台词背得很熟。"我的鼓励是希望增强他对自己能力的信念。如果我认为孩子必须演好，或孩子必须好好表现，那我的鼓励对他就不会有帮助。要找出哪种鼓励有助于孩子，你可以再去问问你的阳光小孩。回想一下，自己在烦恼时刻或特别开心的时刻喜欢去向谁诉说。他们肯定是对你友善的人，他们会专心倾听，友好地看着你，并认识到你干得不错。也许你还记得一些令人鼓舞的微笑或支持的点头。鼓励不仅仅是赞美，鼓励是一种态度。我们传达给孩子的是："你本来的样子就足够好！我相信你能够很好地应对生活交给你的任务。"

第8章
让雏鸟展翅高飞：发展孩子的自主性

题外话：青春期——第二个叛逆阶段和儿童时代的结束

当孩子的第一个叛逆期结束时，我们会松口气。通常在接下来的几年里会比较平静。可是不久，青春期就来了，孩子对自主的追求也会达到一个新的高潮。

这个阶段相对较长。按照如今的说法，青春期从十一岁持续到二十一岁。

在青春期的青少年眼中，父母变得不好打交道、可恶，还让人尴尬。从父母的角度来看，他们的儿女也经常朝着不是他们设想的方向改变。孩子渐渐成为独立的人，有了自己的见解——成熟的一面越来越明显。在青春期，男孩和女孩将长成男人和女人。激素会导致极端的身体结构调整，在此期间，青少年的大脑也会发生很大程度的结构调整。

在这段时间里，孩子们在情感上很脆弱，爱冲动，乐于冒险，有时在父母的眼中也很讨人嫌。如果现在我们再看一下亲情和自主这两个极点的话，很显然，孩子在青春期的自主努力会有大的进展。一些少年将自己与父母明确地划分界限，亲情的纽带似乎要断裂。一位妈妈说："我的儿子变得越来越安静，这对我来说很可怕。有时候，我们一天只说早安和晚安，中间一句话都不说。"

要陪伴好青春期的孩子，需要父母一边放手，一边保持亲情。

有的孩子与父母分离时"声势浩大"，"你们别把我惹急了"的吼声经常在走廊里回响。特别是在青春期刚开始时，一些孩子会坐上情绪过山车。有时他们非常需要保持亲密关系："我十四岁的女儿坐到我的腿上，做小鸟依人状。"有时认为父母应该离得远远的："妈，你可真烦人。"

这对父母来说真是一个挑战。但是，父母对自己的亲情和自主行为越了解，就越能成功应对这一时期。青春期出现严重问题，往往是因为父母在与孩子打交道时无法在亲情和自主之间找到良好的平衡。

适应型父母看到孩子争取自由，就会担心亲子关系"破裂"，他们有时会得"相思病"，这时他们可能会竭尽全力保持这种关系。一位妈妈这样给我们讲道："我真是在恳求她的注意。我一次又一次站在她的房间门口，试图和她说话。我发送信息的时候加上爱心的表情符号，我提议一起去城里逛逛，但一切毫无成效。"但是，即使孩子不耐烦地翻白眼，父母还在表达对他们的爱心呈现："我随叫随到。我很在乎你。"

自主型父母有时则放手过早，可能不会再仔细关注孩子身上正在发生的事情。他们可能会对十几岁的男孩说："你都快成年了，想干什么就干什么吧。"而这时的年轻人是需要父母指导的，因为青少年时代充满风险。这一人生阶段的特征是：孩子会低估危险，高估自己的能力。于是有些年轻人参加马路赛车，有些醉酒昏迷，或者进行无保护性行为，等等。在大多数养育指南中，父母有时会听到"放松心情，放手让孩子去做"的声音，有时候又是——这正是让人困惑的地方——"他们不应该过早放下缰绳"。父母需要再一次在给予支持与给予自由之间取得良好的平衡。

第 8 章
让雏鸟展翅高飞：发展孩子的自主性

青春期将是一个冲突的时期，如果一切顺利，在这一时期结束时，父母和孩子将作为自主的人彼此面对，但仍然保持着亲情。

赋予自主权：能够放手

如果我们希望孩子在某个时候能够自立，我们就必须放手。这句话可能听起来稀松平常，但事实并非如此。因为放手需要父母在内心进行分离，而这肯定是一个痛苦的过程。这个过程实际上从婴儿出生的第一天就开始了：脐带被切断，母子俩的身体彼此分开了，这就是一个分离的时刻。之后，在亲子关系的过程中，大大小小的分离会一次又一次地发生：孩子第一次一个人在爷爷奶奶家过夜，上幼儿园，上学，第一次班级旅行，第一次自己出门旅行——这些只是其中重要的几次。有人认为，到了孩子要搬出去自己住的那一天，孩子和父母已经很好地练习了分离。然而，父母通常很难让孩子离开。这个过程是如此困难，以至于出现了一个专门的术语来形容被单独留下的伤心的妈妈——空巢综合征。

妈妈出现这种情况的频率更高，但爸爸也不能完全幸免。孩子搬走了，父母被单独留在巢中。

孩子像鸟一样飞走了，分离通常会引起悲伤的情绪。我们会因为一个曾经的阶段结束了而伤心，也经常会为某些错过的事情而悔恨。也许因为我们正在埋头工作，所以没有听到孩子说的第一句话；也许我们一直想和孩子一起放风筝，但是一直没有做到。

当孩子离开家时，我们会意识到哪些是不可挽回的，哪些是无法弥补的。有时我们会悲伤地回头，后悔我们当时没有更用心地与孩子一起经历过某些时刻。我们坚信：你不应该等到孩子搬出去的时候，才想起你曾经想与他一起去做的事情。最好现在就好好想想怎么做。因为这种思维游戏通常可以帮助我们在当下正确地设置或重新调整优先级。下一个练习——有点儿像本书开始时的价值观练习——将为你指明为人父母的方向。另外，它还很有趣。

内省区：当你搬走时——来一次时间旅行

让你的想象力把你带到孩子搬走的那一天。箱子装好了，搬家运输车停在门前，你们彼此温暖地拥抱。尽可能使自己处于这种状态，并想象一切顺利，甚至很顺利。你们可能会有些伤心地告别，但这感觉很正常。现在，你可以从那里问自己——相当于往回看：

- 我们共同经历了什么使我们感到高兴的事情？
- 什么东西让我们之间关系紧密？
- 我对什么心存感激？
- 为什么我放心地让孩子离开了？

问题的答案会提示你，你现在可以做什么，以确保在说再见的那一天不会被悔意或负罪感困扰。

第9章

成为更好的父母从来不会太晚

第9章
成为更好的父母从来不会太晚

我们的童年可能会对我们为人父母产生不良影响。由于父母无法很好地感知或回应我们的需求，使我们在早期就形成了一些消极信念。这些心理上受到的伤害成了阴影小孩，我们把他从孩提时代又带进了成年生活。如果现在治愈这些伤口，我们为人父母的生活也将随之改变。

当我们想明白了自己希望如何处理亲密关系（依恋）和自由（自主），在对待孩子的时候我们就可以更轻松、灵活，更容易避免先入为主。

于是，四岁的孩子发脾气时我们就不会再生气了，因为我们意识到这不是攻击，而是一个发展中的孩子健康的、追求分离的努力。这样我们就可以与悲伤的孩子产生共鸣，而不会认为他要破坏家庭气氛。

看到这里，你可能会很高兴，因为这本书为你提供了新的思路，你也可能心怀内疚，也许会想："如果我早知道这些就好了，我犯的错误就会更少些。"我们完全可以理解你的心情。即使是尤莉亚，虽然她在养育方面已经做了大量研究和思考，仍然觉得，如果是今天，她在做某些事情时肯定会有所不同。所以，如果你现在问自己"我将来对待孩子会有所不同吗"，而答案是"是的，我会的"，那么你就无须纠结过去。

有些事情也许你将来可能会做得更好。肯定在大部分时间里，你是伟大的母亲或伟大的父亲。不要对自己太苛刻，而要记住，你已尽力而为。你正在阅读这本书也表明了，你承担起了自己作为母亲或父亲的责任。你想与孩子保持良好的关系，不是不在乎彼此之间的情况。因此，不要用内疚感折磨自己，而要展望未来。把内疚看作一个标志，表明有些事你可以做得更好，然后就放下它吧。请使用本书中的最后一个"内省区"来记录你做得对、做得好的事情。

内省区：我作为父母的长处

● 作为父亲或母亲，我哪些事情做对了？
● 我的孩子从我这里学到了什么？我从他们那里学到了什么？
● 我什么时候给过他们家庭的温暖？
● 我什么时候给过他们自由？
● 你也可以想象，你的孩子来找你，想向你学习某些东西。这些东西会是什么呢？

在回答这些问题时不要太谦虚。我们常常认为自己的优势是自然而然存在的，甚至不用提到它们。我们甚至都没有注意到我们有些事做得很好。如果你自己想不起太多，也可以问问你的孩子、伴侣或好朋友。你可以问自己或其他人这些问题："作为父亲或母亲，我的表现如何？""我如何让孩子感到爱意（家的温暖）？""为了确保孩子成为自由和独立的人（插上自己的翅膀），我做过哪些事情？"

现在，你有了一个很好的起点，脚下有了稳固的支撑。你将看到，你已经做了很多好的而且正确的事情。充满爱心地从这里出发，看看可以做些什么来改善与孩子之间的关系。我们给大多数家长的忠告是：孩子正在等待你展现自己作为爸爸或妈妈的风采，不要让你的阴影小

第9章
成为更好的父母从来不会太晚

孩偷偷地不请自来，插足到你们中间。本书中有许多"内省区"，可以帮你识别并治愈你的阴影小孩。

内部的每一个变化都会导致外部的变化。

也许孩子使你更快乐、更从容或更热心，能够更好地倾听，更耐心地等待反应。或者，你可以全心全意地对孩子说："祝你开心！"即使孩子长大了，你也可以采用新的方式跟他们保持亲密的关系。

如果你过去曾伤害过你的孩子，那么现在是对此承担责任的时候了。孩子大些了，你可以向他解释发生了什么。你可以给他讲你的阴影小孩，向他道歉，并给他一个新的信息——一个更好的信念——伴他前行。你小时候希望听到的信息，你的孩子同样也渴望得到："你本来的样子就很好。我以你为荣。我爱你……"即使孩子长大了，当父母承认自己在养育过程中犯了错误并说"对不起"时，他们也会感到非常治愈。

你如果能以简单的话语与孩子谈论你们的共同经历，年幼的孩子也会从中受益。甚至有证据表明，尽管婴儿几乎无法理解话的内容，但他们也能从这种充满爱意的、解释性的语气中受益。

苏珊娜曾对女儿玛丽说："你太蠢了，雪地里都尿不出坑来。"她可以向女儿解释，自己还是个女孩的时候，也经常听到这句愚蠢的话。让这种废话从嘴里溜出来，她真的感到很抱歉。她可以通过赋予玛丽新的信念来增强她的信心："你是一个很棒的女孩。你当然可以把数学学得很好。"

我们坚信，所有父母都将从治愈他们的阴影小孩中受益——当然首先受益的是他们自己。由于我们和孩子像一个动态平衡艺术装置一样连在一起，因此我们得到的治愈也会传导给我们的孩子。如果我们自己找到内心的支撑，我们也可以将它赠予孩子。如果我们感到自由，我们也可以给孩子自由：家的温暖让孩子长出坚实的翅膀。